Erwin W. Lutzer & Rebecca Lutzer

Wertvoll für Jesus

Frauen begegnen ihrem Erretter

clv

Christliche Literatur-Verbreitung e.V.
Postfach 11 01 35 · 33661 Bielefeld

1. Auflage 2011

Jesus, Lover of a Woman's Soul – German

Copyright © 2006 by Erwin W. Lutzer
German edition © 2011 by CLV
with permission of Tyndale House Publishers, Inc.

© der deutschen Ausgabe 2011 by CLV
Christliche Literatur-Verbreitung
Postfach 11 01 35 · 33661 Bielefeld
Internet: www.clv.de

Übersetzung: Barbara Lux, Nürtingen
Umschlag: Lucian Binder, Marienheide
Satz: CLV
Druck: CPI – Ebner & Spiegel, Ulm

ISBN 978-3-86699-213-9

Inhalt

Für unsere wundervollen Töchter
Lorisa, Lynette und Lisa.
Sie sind Frauen des Glaubens und der Hoffnung –
sie wissen, dass Jesus sie liebt.
Sie haben uns viel Freude bereitet, viel beigebracht
und uns allerliebste Enkelkinder geschenkt.

Danksagungen

Wir möchten uns von Herzen bei dem wunderbaren Team von Tyndale House Publishers bedanken. Dank ihrer Warmherzigkeit und Kompetenz konnten wir dieses Buch mit Leidenschaft für Jesus und mit Mitgefühl für all die Frauen schreiben, die es lesen werden.

Das Team bestand aus:
Jan Long Harris
Sharon Leavitt
Nancy Clausen
Caleb Sjogren
Lisa Jackson
Bonne Steffen

Jan, als Verlegerin hast du uns dazu angeregt und inspiriert, dieses Buch zu schreiben. Lisa, als Cheflektorin hast du uns angeleitet und dich mit uns abgemüht. Die Zusammenarbeit mit dir war ein Vergnügen.

Wir bedanken uns bei den wunderbaren Mitarbeitern von The Lodge in Buchanan, Michigan. Sie haben uns großzügig Gastfreundschaft erwiesen, während wir über die Heilige Schrift nachsannen und an dem Manuskript arbeiteten. Für eure Freundlichkeit werden wir immer dankbar sein.

Zuletzt danken wir den lieben Frauen, deren ergreifende Geschichten Teil dieses Buches geworden sind. Wir beten dafür, dass Gott eure Probleme und Leiden gebraucht, um andere Frauen zu ermutigen und anzuregen, die gerade jetzt auf der Suche nach Jesus sind – dem, der ihre Seelen liebt.

Erwin und Rebecca Lutzer

Jesus und die Frau von heute

Welche Bedeutung hat ein Mann, der vor zweitausend Jahren lebte, für eine Frau von heute? Wenn dieser Mann Jesus ist, lautet die Antwort – kurz gesagt: Eine *große*! Heute erreicht uns Jesus über die Jahrhunderte hinweg. Er lädt uns zu sich ein, um uns dieselbe Hoffnung und Heilung zu schenken wie jenen Frauen, denen er vor so langer Zeit begegnete. Anders als andere große Lehrer tritt Jesus auch heute in Beziehung zu uns und bietet uns an, uns neu zu machen und Wert zu verleihen. Seine Versprechen von Ruhe für die Müden, Brot für die geistlich Hungrigen und Vergebung für die Schuldigen gelten heute genauso wie damals, als er sie erstmals äußerte.

»Jesus war der erste Feminist«, erklärt der fiktionale Charakter Sir Leigh Teabing der Kryptologin Sophie Neveu in dem Roman *Sakrileg*.[1] Für viele beschwört das Wort *Feminist* die Vorstellung von radikalem Individualismus, dem Recht auf Abtreibung und einer Menge weiterer »Anliegen« herauf. Wir können mit Gewissheit sagen, dass Jesus kein Feminist in diesem modernen Sinne war. Es war auch nicht seine Absicht, dass sich die Kirche auf Maria Magdalene gründet, wie es der Schriftsteller Dan Brown in seinem überaus erfolgreichen Buch behauptet.

Wenn wir mit *Feminist* allerdings meinen, dass sich Jesus gegen die erniedrigende Sichtweise auflehnte, die die Männer seiner Zeit von Frauen hatten – wenn wir damit meinen, dass er sich über die gesetzlich verankerten Vorurteile hinwegsetzte – wenn wir den Satz so interpretieren, dann stimmt es: Jesus war »der erste Feminist«. Wie Jesus Frauen behandelte, war in der Tat revolutionär. Er wagte es, daran zu glauben, dass auch Frauen

---

1 Dan Brown, *Sakrileg* (Bergisch Gladbach: Gustav Lübbe Verlag, 2004), S. 340.

Gott dienen können, und brachte ihnen eine für seine Zeit unübliche Wertschätzung entgegen.

Heute behaupten Kritiker, das Christentum habe eine von Männern dominierte, die Frauen unterdrückende Kultur begünstigt. Es trifft durchaus zu, dass Frauen im Lauf der Kirchengeschichte oft wie Bürger zweiter Klasse behandelt wurden, und es lassen sich viele abschätzige Bemerkungen finden, die diese Behauptung untermauern. Diese Vorurteile gegenüber Frauen lassen sich jedoch nicht auf die Seiten des Neuen Testaments oder auf die frühe Kirche zurückführen. In den ersten Jahrhunderten nach Jesu Tod und Auferstehung wurden Nachfolgerinnen Jesu größtenteils würdevoll behandelt, und ihren Männern wiederum wurde beigebracht, dass sie ihre Frauen ehren sollten. Viele von christlichen Verfassern späterer Zeiten geäußerte Kritikpunkte an Frauen haben mehr mit der jeweiligen Kultur zu tun als mit dem Neuen Testament.

In diesem Buch möchten wir darstellen, wie Jesus die Doppelmoral seiner Tage, die Frauen an den Rand drängte, unterwanderte. Dabei widersprach er nicht der Lehre des Alten Testaments, sondern deckte vielmehr auf, dass die religiösen Führer dem Gesetz ihre eigenen selbstgerechten Beschränkungen hinzugefügt und dabei dessen Gesamtaussage ignoriert hatten. Leider vermischten diese religiösen Führer die damaligen Gebräuche mit ihren eigenen persönlichen Neigungen und erhoben diese zu göttlichem Status. Jesus verlieh Frauen Bestätigung und Wert als gleichberechtigte Partner in der von ihm geschaffenen Familie Gottes. Mit seiner Verkündigung, die Gefangenen sollten frei sein, trat er gegen die lähmenden kulturellen Vorurteile gegenüber Frauen ein. Jesus schuf eine neue Familie der Brüder und Schwestern, die einen gemeinsamen Vater im Himmel hatten (Markus 3,31-35). Als Mitglieder dieser neuen Familie haben Frauen dieselben geistlichen Rechte wie Männer.

Jesus traf keine expliziten Aussagen darüber, dass er die Führungsrolle der Männer im Gottesdienst und innerhalb der Familie nach der Ordnung des Alten Testaments ändern wollte. Er wählte auch zwölf männliche Apostel aus. In seinen persönlichen Beziehungen ignorierte er jedoch die vorherrschenden Traditionen seiner Zeit schlichtweg – Traditionen, die Frauen zu einem Status zweiter Klasse degradierten. In seiner Gegenwart kamen die Frauen aus ihren Verstecken und wurden als Töchter Gottes wertgeschätzt.

Vielen von Ihnen sind die Geschichten der Männer bekannt, die alles zurückließen, um Jesus nachzufolgen. Doch wir übersehen häufig die Frauen, die ebenfalls alles verließen, um ihm nachzufolgen. Wir verstehen erst dann, wie radikal eine solche Entscheidung war, wenn wir uns klarmachen, dass die jüdischen Frauen jener Zeit nicht einmal die Heilige Schrift lesen, noch viel weniger ihre Häuser verlassen sollten, außer für kurze Zeit, um etwas für den Haushalt zu erledigen. Ein Rabbi aus dem 1. Jahrhundert ging so weit, dass er sagte, die Worte der Thora (der hebräischen Heiligen Schrift) sollten eher verbrannt als einer Frau anvertraut werden. Und dennoch ließ Jesus auf seinem Weg über die staubigen Straßen des alten Israel viele verschiedene Frauen an seinen Worten teilhaben. Er betraute sogar eine Frau mit einer zweifelhaften Vergangenheit damit, die wichtigste Botschaft der ersten Christen – die Botschaft seiner Auferstehung – als Erste zu verkünden.

Kurz gesagt: Dieses Buch soll Sie zu Jesu Herz führen. Sie werden sehen, wie Jesus viele Tabus brach, wie er verfestigte Klischees zurückwies und wie er bereit war, falsch verstanden zu werden, wenn er damit den Frauen, denen er begegnete, helfen konnte.

Wenn Sie Jesus heute begegnen könnten, was wäre Ihr Anliegen?

Vergebung?

Heilung?

Ewiges Leben?

Befreiung?

Reinigung?

Wertschätzung?

Hoffnung?

Liebe?

Die Frauen, die Jesus begegneten, hatten dieselben Bedürfnisse. Einige kamen zu ihm, andere wurden von ihm gefunden. Jede von ihnen hatte die menschlichen Möglichkeiten ausgeschöpft und brauchte ein Wunder von jemandem, der sie verstand und nicht verurteilte. Manche hatten einen starken Glauben – andere nicht.

Jede Geschichte in diesem Buch berichtet von einer göttlichen Begegnung. Und Sie können heute demselben Jesus begegnen, wenn Sie mit Ihren tiefsten Sehnsüchten zu ihm kommen. Er ruft uns heute mit einer Stimme, die laut genug ist, um das Getöse unserer Gesellschaft zu übertönen, in der Frauen allein aufgrund ihres Frauseins benachteiligt werden.

Wir beten darum, dass Sie, nachdem Sie diese Kapitel gelesen haben, voller Zuversicht sagen können: »Jesus ist der, der meine Seele liebt.«

Begleiten Sie uns auf eine Reise, die den Weg dorthin weist.

Erwin und Rebecca Lutzer
Moody Church
Chicago, Illinois, USA

—

Und es geschah danach, dass er nacheinander Stadt und Dorf durchzog, indem er predigte und das Reich Gottes verkündigte. Und die Zwölf waren bei ihm, und einige Frauen, die von bösen Geistern und Krankheiten geheilt worden waren: Maria, genannt Magdalene, von der sieben Dämonen ausgefahren waren, und Johanna, die Frau Chusas, eines Verwalters des Herodes, und Susanna und viele andere Frauen, die ihm mit ihrer Habe dienten.

Lukas 8,1-3

—

Jesus begegnet
Maria Magdalene

Karla trat in den frühen Jahren unseres Dienstes in unser Leben. Nach einer traumatischen Kindheit war Karla mit den Herausforderungen und Belastungen des Lebens in der realen Welt überfordert. Sie war jung, eine unreife Christin und hatte seit Monaten emotionale und geistliche Probleme. Sie war seit zwei Jahren verheiratet, doch ihre Ehe war schwierig und ihre Arbeit war anstrengend und kräftezehrend.

Hinzu kam noch die Belastung durch ihre kranke Mutter, die häufig auf Karlas Hilfe bei körperlichen und emotionalen Problemen angewiesen war. Vor vielen Jahren war ihre Mutter aus einer großen Sekte ausgestiegen und hatte noch immer gelegentlich mit beängstigenden Visionen und dämonischer Belastung zu kämpfen. Eines Tages hatte sie Karla anvertraut, dass sie tranceartige Träume von dämonischen Bildern hatte, die ihr Angst einjagten. Sie erinnerte sich daran, dass sie immer wieder nach Karla gerufen hatte.

Als Karlas eigene innere Verwirrung und Anspannung zunahm, kamen ihr selbst ungewöhnliche und furchterregende Gedanken. Eines Tages vertraute sie auf der Arbeit ihre Ängste einer Kollegin an, einer übereifrigen Gläubigen aus einer anderen Religionsgemeinschaft. In der Mittagspause bestand diese Frau darauf, Karla die Hände auflegen und auf ungewöhnliche Weise für sie beten zu dürfen.

Schon kurz darauf begann Karla, Stimmen zu hören. Ihre Wahrnehmung veränderte sich, und sie entwickelte größenwahnsinnige Gedanken über sich selbst.

Später am selben Tag verließ Karla in einem veränderten Bewusstseinszustand ihren Arbeitsplatz und fuhr in ihr Wohnviertel. Dort ging sie von Tür zu Tür und traf bizarre Äußerungen über Jesus und das Ende der Welt. Sie machte sogar an einem Spielplatz halt, um die Kinder vor dem drohenden Untergang zu warnen. Ein besorgter Nachbar rief schließlich die Polizei. Auch nachdem ihr Mann eingetroffen war, war Karla nicht kooperativ. Ihr Mann beschloss, sie zur Untersuchung ins Krankenhaus zu bringen. Dort erzählte sie den Krankenpflegern, sie besitze Jesu Kraft. Als sie ungewöhnliche körperliche Kräfte zu zeigen begann, wurde sie mit Gewalt gebändigt und mit Psychopharmaka ruhiggestellt, die sie in einen Zustand künstlicher Ruhe versetzen sollten.

An dieser Stelle kamen wir ins Spiel. Nachdem uns am Telefon von dieser Situation berichtet worden war, begannen wir im Gebet für diese verzweifelte junge Frau einzutreten. Innerhalb einer Stunde wurde Karla friedlich und äußerte sich vernünftig, und am nächsten Tag wurde sie aus dem Krankenhaus entlassen. Der Arzt sagte, sie habe einen Nervenzusammenbruch erlitten, und wies sie an, sich auszuruhen und Beruhigungsmittel zu nehmen. Sie blieb vernünftig, doch innerlich war sie noch immer völlig durcheinander.

Ich (Rebecca) hatte die Gelegenheit, Karla kurz nach ihrer Entlassung zu treffen. Gott gab mir das Mitgefühl und die Geduld, um ihr stundenlang zuzuhören und mit ihr zu reden. Ihre Gedanken waren verwirrt und durcheinander. Was sie über sich selbst, ihr Leben und ihre Beziehung zu Gott wusste, widersprach sich. Manchmal war sie aufgewühlt, dann weinte sie wieder untröstlich. Ich glaubte, dass sie von einem bösen Geist besessen war. Mit ihrer Zustimmung sprach ich in Jesu Namen direkt zu den bösen Geistern, die sie quälten, und befahl ihnen, aufzuhören und Karla zu verlassen. Danach entspannte sich ihre Miene; sie wurde ruhig und konnte sich konzentrieren und allmählich verstehen, was für einen geistlichen Kampf sie durchmachte.

Wir waren der Meinung, dass Karla für ihre Genesung einen sicheren, ruhigen Ort brauchte, einen Ort, an dem es Seelsorge und Hilfe für sie gab, damit ihr Seelenfrieden wiederhergestellt werden würde. Das Wissen, dass sie von sämtlichem dämonischen Einfluss und Unterdrückung frei werden konnte, war sehr wichtig für sie. Wir unterhielten uns über Karlas Erlebnisse mit einem befreundeten Pastor, der ein Buch über geistlichen Kampf geschrieben hatte. Er kam zu dem Schluss, dass sich einige der bösen Geister, die Karlas Mutter gequält hatten, auf Karla übertragen hatten. Wir waren bereit, die nötige Zeit und Mühe zu investieren, damit Karla völlig befreit und heil werden konnte. Obwohl wir keine Erfahrung mit derartigen Fällen hatten, wollten wir gern lernen, wie man gegen böse Geister kämpft. Wir boten ihr an, bei uns zu wohnen.

In ihrem Denken und Verhalten war Karla wie ein Kind. Ihre Auffassung davon, wer sie in Christus war, war erschüttert worden. Verzweiflung und Selbstmordgedanken plagten sie. Sie hatte Satans Lügen mehr geglaubt als der Wahrheit der Bibel. Gott half uns, sie durch intensives Bibellesen und Gebet zurück zur biblischen Wahrheit und zu einem »vollen Verstand« zu führen. Wir hörten ihr zu und erwiesen ihr sanfte, geduldige Liebe. Dadurch nahm der Heilige Geist den Heilungsprozess in ihrer Seele auf.

Im Lauf der Jahre sind wir mit Karla in Verbindung geblieben. Ihr Leben war nicht leicht – sie hatte mit einem untreuen Ehemann, Scheidung, dem Leben als alleinerziehende Mutter, finanziellen Schwierigkeiten, gesundheitlichen Problemen und Missverständnissen zu kämpfen. Doch in ihrem Glauben an Jesus, der ihre Seele liebt, wankte sie nie. Wie Maria Magdalene hatte Jesus auch Karla von den Dämonen, die sie quälten, befreit. Und wie Maria Magdalene widmete auch Karla ihr Leben der Nachfolge Jesu und liebte keine andere Person mehr als ihren Herrn. Jesus hat für diese beiden Frauen getan, wozu kein anderer in der Lage war – er vergab ihnen ihre Sünden, befreite sie, machte sie heil und gab ihnen ihren gesunden Verstand zurück – ist es da ein Wunder, dass sie ihn so lieben?

❦

Eines der bestgehüteten Geheimnisse ist die Rolle, die Frauen in der Anfangszeit der Gemeinde spielten. Und heute (in Zeiten von *Sakrileg*) richtet sich auf keine andere Frau größere Aufmerksamkeit als auf Maria Magdalene.

Sie hat es verdient, dass man sich erneut für sie interessiert und sich mit ihr beschäftigt. Jahrhundertelang wurde sie als die »bußfertige Prostituierte« abgetan, die in ein Festmahl im Haus eines Pharisäers hereinplatzte, um Christus ihre Hingabe zu zeigen. Die offizielle Kirche begrüßte es sicher, dass ihr vergeben worden war, doch sie war als Straßenmädchen gebrandmarkt. Widerwillig wurde sie dafür gelobt, dass sie auf Christus zugegangen war, doch ihren Makel wurde sie nicht mehr los.

Diese Fehlinterpretation lässt sich auf das Jahr 591 zurückverfolgen, als Papst Gregor in einer Predigt behauptete, die Prostituierte, deren Geschichte in Lukas 7 erzählt wird, sei identisch mit Maria Magdalene, die in Lukas 8 als die Frau erwähnt wird, die von sieben Dämonen befreit worden war. Die Wissenschaft ist sich jedoch einig, dass es keinen Grund gab, einen solchen Zusammenhang herzustellen. Im Lukas-Evangelium wird die Geschichte der namenlosen Prostituierten unabhängig von der späteren Erwähnung Maria Magdalenes erzählt. Erst beim Zweiten Vatikanischen Konzil 1964 stellte die katholische Kirche den Fehler offiziell richtig.

Lesen Sie Lukas 8,1-3, und Sie werden mir zustimmen, dass der Verfasser Maria Magdalene als neue Person in Jesu Leben einführt. Er unternimmt keinen Versuch, sie mit der vorangegangenen Geschichte von der Frau, die Jesus im Haus von Simon salbte, in Verbindung zu bringen. Ja, Maria hatte Probleme, ehe sie Jesus begegnete, doch wir haben keinen Grund zu der Annahme, dass sie eine Prostituierte war.

Maria Magdalene ist inzwischen zu einem Symbol für den Kampf der Frauen im Lauf der Jahrhunderte geworden: häufig falsch verstanden, nicht ernst genommen und von der geistlichen Führungsrolle der Männer in den Hintergrund gedrängt. Diese Frau, die eine wichtige Rolle in Jesu Leben spielte, ist zu oft von einer von Männern dominierten Kirche gebrandmarkt worden, die den Beitrag von Frauen zur Geschichte des christlichen Glaubens höchstens widerwillig anerkannte.

Maria Magdalene hat viele Schwestern. Sie ist ein Ansporn für all die Frauen, die in unseren Gemeinden sitzen und sich eine Gelegenheit wünschen, Gott zu dienen, sich aber unsicher sind, ob sie akzeptiert und angenommen werden. Viele begabte Frauen bemühen sich vergeblich um Anerkennung – darum, sich durch eine sinnvolle Aufgabe nützlich und respektiert zu fühlen. Die Geschichte von Maria, die mit verborgenen Problemen in ihrem Leben begann und mit einer persönlichen Bestätigung durch Jesus endete, erfüllt uns alle mit Hoffnung. Diese Frau mit einer bewegten Vergangenheit wurde schließlich die erste Zeugin der Auferstehung ihres Herrn.

Im letzten Kapitel dieses Buches werden wir uns mit der aktuellen Diskussion über Maria Magdalene beschäftigen, wie sie in den gnostischen Evangelien und in dem Roman *Sakrileg* dargestellt wird. Wir werden Fragen zu ihrem Verhältnis zum Heiligen Gral und zum französischen Königtum beantworten. Doch in diesem Kapitel hier wollen wir untersuchen, wie sie im Neuen Testament dargestellt wird, indem wir mehrere Momentaufnahmen ihrer Beziehung zu Jesus betrachten.

Von Jesus verändert

Jesus tat etwas, was kein Rabbi seiner Zeit je gutgeheißen hätte: Er gestattete Frauen, ihn auf seinen Reisen durch Israel zu begleiten. Eine derer, die ihm da nachfolgten, war Maria Magdalene. Sie war offensichtlich unverheiratet, da sie nur über ihren Heimatort identifiziert wurde. Der Name Magdalene oder Magdala bezieht sich vermutlich auf das heutige Migdal. In der Geschichte war dies ein wichtiges Landwirtschafts-, Fischerei- und Handelszentrum am Westufer des Sees Genezareth.

Wir wissen nicht, wo sich Maria und Jesus erstmals begegneten. Vielleicht, als er ihre Stadt in Galiläa besuchte. Sie hatte von seinen Wundern gehört und suchte Befreiung durch seine Heilkraft.

Ein besonderes Merkmal von Maria Magdalene ist, dass Jesus Dämonen von ihr austrieb. Sie war von bösen Geistern besessen, die sie zweifellos terrorisierten. Es ist viel über die sieben Dämonen spekuliert worden, die Maria gehabt haben soll. Der italienische Dichter Dante aus dem 14. Jahrhundert glaubte, dass Maria Magdalenes Dämonen nicht wörtlich zu nehmen seien – er nannte sie »die sieben Narben«: Hochmut, Neid, Zorn, Unmäßigkeit, Unkeuschheit (Wollust), Geiz und Trägheit.

Eigentlich spielte Dante damit Marias Probleme herunter. Stellen des Neuen Testaments, in denen von Dämonen die Rede ist, sollten nicht als Aberglauben einer vergangenen Zeit interpretiert werden; sie sind auch keine symbolischen Bezüge auf »psychologische Narben«. Es wird berichtet, dass Jesus oft auf fremde Geister traf, die für sich existierten und sich Jesu Vollmacht widersetzen wollten. Manchmal sprachen sie sogar zu ihm. In diesem Fall wissen wir, dass Jesus Maria Magdalene bei ihrer Begegnung aus der Macht der Dämonen befreite.

Diejenigen unter uns, die sich eingehender für das menschliche Verhalten interessieren, würden sich sicher gern mit Maria zusammensetzen und sie über ihre Vergangenheit befragen. Wir wüssten gern, wann sie diese fremden Geister bemerkte und wie sie mit ihrem Leiden fertig wurde. War sie in okkulte Praktiken verstrickt?

Natürlich kennen wir die Antworten auf diese Fragen nicht. Aber wir wissen etwas über die typischen Eigenschaften derer, die von unsichtbaren, mächtigen, bösen Persönlichkeiten verfolgt werden. Die Betroffenen berichten häufig von Schuldgefühlen, Angst, Selbsthass und Unruhe. Wir können uns vorstellen, dass Maria depressiv war und ihren Lebenswillen verloren hatte. Möglicherweise gab es einen ständigen Kampf zwischen dem, was sie für richtig hielt, und den Dingen, zu denen sie getrieben wurde. Neigte sie zu asozialem Verhalten? Zweifellos schämte sie sich. Sie mochte nichts an sich selbst. Sie fühlte sich verflucht und verwirrt.

Wir können uns vorstellen, dass sie nach ihrer Befreiung durch Jesus von zwei Erkenntnissen überwältigt war. Erstens war sie rein: Die innere Unruhe war verschwunden, und ihre geplagte Seele hatte Ruhe. Zweitens hatte sie Würde und Wert geschenkt bekommen. Nach Jahren der Hoffnungslosigkeit hatte sie jemanden gefunden, der sie befreien konnte. Es war jemand, der in ihr etwas Rettenswertes, Erlösenswertes, Liebenswertes sah. Es war jemand, dessen Meinung viel mehr zählte als die Meinung aller anderen zusammen.

Marias Veränderung war bemerkenswert. Wahrscheinlich sah sie sogar jünger aus. Die Last der Welt war von ihren zarten Schultern genommen worden. Es spielte keine Rolle mehr, was andere von ihr hielten. Sie hatte einen Mann kennengelernt, der die Macht hatte, ihr Leben zu verändern. Von nun an würde sie sich ganz darauf konzentrieren, ihm nachzufolgen und ihm zu dienen.

In der Nachfolge Jesu

Soweit wir wissen, kehrte Maria nie mehr nach Magdala zurück, höchstens für einen kurzen Besuch. Sie wurde Teil eines engen Kreises von Frauen, zu dem Johanna, die Frau von Herodes' Verwalter, und Susanna gehörten. Manche Namen werden im Lukas-Evangelium aufgeführt, andere nicht.

Daran müssen wir denken, wenn wir uns unbedeutend fühlen und wenn unsere Namen nirgends festgehalten oder geehrt werden. Es wurden nicht die Namen aller treuen Menschen in der Bibel festgehalten – auch nicht, wenn sie zu Jesu Zeiten lebten. Unser Name wird vielleicht nie in der Zeitung oder auf einer Liste der Vortragenden auftauchen, aber Gott weiß, wer wir sind, und wir bedeuten ihm genauso viel wie Maria.

Wir lesen: »die ihm mit ihrer Habe dienten« (Lukas 8,3). Sie dienten Jesus und seinen Jüngern nicht nur in finanzieller, sondern auch in persönlicher und geistlicher Hinsicht. Das Wort *dienten*, manchmal auch mit *unterstützten* übersetzt, lautet im Griechischen eigentlich *diaekonoun*, wovon sich das Wort *Diakonin* ableitet. Paulus bezeichnet Phöbe in Römer 16,1 als *diakonon*. Die Frauen, die Jesus unterstützten, waren die ersten Diakoninnen.

Jesus und seine Mitarbeiter brauchten Geld für ihren Lebensunterhalt – schließlich erhielten sie kein Gehalt dafür, dass sie umherzogen und die Gute Nachricht verkündigten. Jesus selbst erhielt keine Entschädigung für seine Predigten und Wunder. Diese Frauen unterstützten ihn, indem sie beteten, Essen beschafften und zubereiteten und durch freundliche und ermutigende Handlungen Hilfsbereitschaft erwiesen. Von Stadt zu Stadt, von Dorf zu Dorf, oft mit Übernachtungen auf freiem Feld oder in Höhlen, begleiteten diese Frauen Jesus, um ihm zu helfen. Maria gehörte zu Jesu Gefolge, zu der Gruppe von Frauen, die mit ihm reisten und für ihn sorgten.

Die Rabbis hätten so etwas niemals geduldet. Frauen wurden als unzuverlässig und verführerisch angesehen; man gab ihnen normalerweise sogar die Schuld an den Begierden der Männer und an den möglichen ehebrecherischen Beziehungen, die sich daraus ergaben. Sehr wahrscheinlich hätten es die offiziellen religiösen Führer für ungehörig gehalten, mit einer Gruppe zu reisen, die man fälschlicherweise für einen Harem hätte halten können. Doch Jesus ließ nicht zu, dass Männer den Frauen die Schuld für ihre eigenen sexuellen Unbesonnenheiten und Gelüste gaben. Mit seiner Aussage »Ich aber sage euch: Jeder, der eine Frau ansieht, sie zu begehren, hat schon Ehebruch mit ihr begangen in seinem Herzen« (Matthäus 5,28) legte er den Männern die Verantwortung für ihre eigenen unheiligen Begierden auf. Sie *selbst* waren dafür verantwortlich, sich zu beherrschen und, wenn nötig, ihre Augen auszureißen, um nicht zu sündigen (V. 29).

Mit seinem offen gegen die Kultur verstoßenden Verhalten sorgte Jesus dafür, dass Frauen nicht so behandelt wurden, als seien sie Ausgestoßene oder unwürdig für den Dienst Gottes. Das Reisen in einer Gruppe stellte sicher, dass der Anstand innerhalb des Gefolges gewahrt blieb. Und wir können davon ausgehen, dass allein Jesu Anwesenheit jegliches unangebrachte Verhalten verhinderte. Doch er schottete sich oder seine Jünger nicht von der Gegenwart von Frauen ab, die den frommen Wunsch hatten, seinen Dienst zu unterstützen.

Der zweite – wichtige – Grund, weshalb Rabbis nicht mit einem solchen Gefolge gereist wären, ist, dass Frauen als »schwachsinnig« angesehen wurden. Eine Sekte der Pharisäer betete jeden Morgen: »Gott, ich danke dir dafür, dass ich keine Frau bin.« Des Weiteren konnte sich ein Mann jederzeit aus einem trivialen Grund, weil sie zum Beispiel das Brot hatte anbrennen lassen, völlig problemlos rechtmäßig von seiner Frau scheiden lassen. Nach der vorherrschenden Meinung waren Frauen nur gut genug, um Kinder zu gebären und den Männern zu dienen.

Jesus war anderer Meinung.

Die biblische Lehre von der Leitungsfunktion des Mannes ist oft falsch ausgelegt worden und hat dazu geführt, dass Männer mit einem Überlegenheitsgefühl auf Frauen herabsehen. Ob durch die Pharisäer zu Jesu Zeiten oder durch die derzeitige Führung in manchen Gemeinden: Frauen wurden bei der Ausübung ihrer Gaben schon oft behindert. Viele haben solche Entmutigungen jedoch überwunden und in Christi Namen große Dinge erreicht. Wie Maria Magdalene sind sie über ihre Beschränkungen hinausgewachsen und haben eine wichtige Rolle bei der Verbreitung des Evangeliums gespielt.

Denken Sie an die folgenden Beispiele: Amy Carmichael eröffnete ein christliches Waisenhaus für misshandelte Mädchen in Indien. Und eine frisch verwitwete Elisabeth Elliot lebte bei dem abgelegenen Indianerstamm in Ecuador, der ihren Mann umgebracht hatte, damit sie das Neue Testament in dessen Sprache übersetzen konnte.

Wir wissen, dass Jesus diese begabten Frauen, und viele weitere in der Geschichte der christlichen Gemeinde, loben würde. Ihr Weitblick und ihre Entschlossenheit trieben sie an, große Dinge für das Reich Gottes zu unternehmen.

Diese Frauen unterstützten Jesus offensichtlich vom Beginn ihrer Beziehung zu ihm bis zur Kreuzigung. Über dieses Ereignis lesen wir: »Es waren aber viele Frauen dort, die von Weitem zusahen, solche, die Jesus von Galiläa nachgefolgt waren und ihm gedient hatten. Unter diesen waren Maria Magdalene und Maria, die Mutter des Jakobus und Joses, und die Mutter der Söhne des Zebedäus« (Matthäus 27,55-56). Es ist bemerkenswert, dass Maria Magdalene in keiner Weise als wichtigere oder für Jesus besondere Person herausgestellt wird. All diese Frauen kamen unter großen persönlichen Risiken der grauenvollen Kreuzigung ihres Freundes und Erretters so nah wie möglich.

Wie tief Maria Magdalenes Hingabe war, kann man an ihrer Anwesenheit am Kreuz ablesen. Der Apostel Johannes beschreibt die Szene so: »Bei dem Kreuz Jesu standen aber seine Mutter und die Schwester seiner Mutter, Maria, die Frau des Kleopas, und Maria Magdalene« (Johannes 19,25). Gemeinsam standen sie da, weinten und sahen entsetzt zu. Das war kein Ort für eine Frau; eigentlich war es auch kein Ort für einen Mann.

Mel Gibsons Film *Die Passion Christi* hat uns einen neuen Blick auf das Leiden der Gekreuzigten eröffnet. Wegen der Soldaten und des Gedränges der Volksmenge war es wahrscheinlich schwierig für die Frauen, in die Nähe von Jesu Kreuz zu gelangen. Doch mit der Zeit löste sich die Menge auf, und die Frauen traten möglichst nah hinzu, »bis sie schließlich dort standen, wo sie sein leises, leidendes Stöhnen vernehmen und das Blut langsam aus seinen Wunden tropfen sehen konnten. Dort hörten sie, wie er leise mit erschöpfter Stimme seine Mutter Maria dem Apostel Johannes anvertraute.«[2]

Offensichtlich gingen die meisten Frauen weg, kurz nachdem Christus seine Mutter Johannes anvertraut hatte. Doch

---

2   M. Madeline Southard, *The Attitude of Jesus Toward Women* (New York: George H. Doran Company, 1927), S. 133.

zwei Frauen weigerten sich zu gehen. Die eine war die Mutter von Jakobus und Joses, und die andere war Maria Magdalene. Sie blieben, bis Jesus gestorben war und sein Leib vom Kreuz genommen wurde.

Joseph von Arimathia, der Jesus im Geheimen nachfolgte, bat den römischen Gouverneur Pilatus um Jesu Leib. Pilatus erfüllte ihm seine Bitte. Mit der Hilfe eines Mannes namens Nikodemus, eines weiteren Nachfolgers Jesu, nahm Joseph den Körper vom Kreuz. Die beiden Männer behandelten Jesu Leib mit teuren Gewürzen, wickelten ihn in ein Leinentuch und legten ihn in Josephs eigene, in einen Felsen gehauene Gruft. »Und er wälzte einen Stein an den Eingang der Gruft. Aber Maria Magdalene und Maria, die Mutter von Joses, sahen zu, wo er hingelegt wurde« (Markus 15,46-47).

Die Letzte am Kreuz – die Erste am Grab.

Maria liebte diesen Mann, Jesus, der ihr einen neuen Anfang geschenkt hatte – einen Mann, der ihr ihre Vergangenheit vergab und ihr eine ewige Zukunft bot. Indem er sich von ihr in seinem Dienst unterstützen ließ, stellte er auch ihre Würde wieder her. Die Stärke ihrer Liebe hing unmittelbar von der Befreiung und Vergebung ab, die sie empfangen hatte. Da ihr viel vergeben worden war, liebte sie auch viel.

Genauso wie die zwölf Jünger war auch Maria nicht auf Jesu Tod vorbereitet. Als Jesus seinen Tod ankündigte, weigerte sich der harte Kern seiner Nachfolger schlichtweg, seinen Worten zu glauben, und bestand darauf, dass das nicht wahr sein könne. Es war für sie schwierig, wenn nicht unmöglich, sich den Messias so hilflos vorzustellen, dass böse Menschen ihn überwältigen konnten. Während ihrer Zeit mit Jesus waren sie zu dem Schluss gekommen, dass er seinen Feinden immer eine Nasenlänge voraus war. Sie hatten es mit eigenen Augen gesehen. Doch nun war Jesus tot. Sie waren am Boden zerstört. Und wenn sie schon nicht mit seinem Tod gerechnet hatten, hatten sie erst recht nicht mit seiner Auferstehung gerechnet.

Maria wartete das Ende des jüdischen Sabbats ab, ehe sie mit den anderen Frauen unmittelbar vor Anbruch der Morgendämmerung durch die Dunkelheit zu dem Grab schlich, in das man den Leib Jesu gelegt hatte. Üblicherweise bereiteten Frauen einen Leichnam für das Begräbnis vor, indem sie ihn mit Gewürzen salbten. Daher suchte Maria den Leib Jesu, um dies zu tun. Wie dankbar können wir dafür sein, dass sie nicht fand, wonach sie suchte!

Auch die Suche nach Antworten auf ihre Fragen trieb Maria zum Grab. Wie konnte der Mann tot sein, der die Macht gehabt hatte, sie von sieben Dämonen zu befreien? Wie konnte der Mann, dem sie vertraute, nicht mehr für sie da sein? Wie konnte der Messias einen schrecklichen, ungerechten Tod sterben?

Die Auferstehung

Als Maria das Grab erreichte, ging sie nicht davon aus, dass etwas Außergewöhnliches passiert war. Kummer verzerrt die Realität. Maria suchte nicht nach dem lebendigen Christus, sie suchte nach einem toten Christus.

Plötzlich wurde sie von einem Mann angesprochen. Da sie ihn für den Gärtner hielt, fragte sie ihn: »Herr, wenn du ihn weggetragen hast, so sage mir, wo du ihn hingelegt hast, und ich werde ihn wegholen« (Johannes 20,15).

»Maria!« (V. 16). Der Mann rief sie beim Namen.

Christus, der gute Hirte, »ruft seine eigenen Schafe mit Namen … sie [kennen] seine Stimme« (Johannes 10,3-4). Jesu Beziehung zu uns ist immer ganz persönlich. Wir werden in eine unpersönliche Welt hineingeboren. In unserer Geburtsurkunde erhalten wir eine Nummer, dann später auf unserer Sterbeurkunde eine weitere Nummer. Zwischen diesen beiden Ereignissen wird unsere Identität über Nummern, zum Beispiel eine Sozialversicherungsnummer und Kreditkartennummern, definiert. Wenn wir nicht vorsichtig sind, kann man uns unsere Identität stehlen. Aber Jesus weiß, wer wir sind – ganz persönlich und im Vertrauen. Er ruft uns bei unserem Vornamen, wie er es bei Maria tat.

Maria drehte sich schnell um und »spricht zu ihm auf Hebräisch: *Rabbuni!* – das heißt Lehrer« (Johannes 20,16; Hervorhebung hinzugefügt).

Jesus sagte:»Rühre mich nicht an, denn ich bin noch nicht aufgefahren zu meinem Vater« (V. 17). Sie war höchst erstaunt darüber, ihn zu sehen, und wollte ihn berühren, vielleicht seine Füße umfassen. Jesus sagte ihr, sie solle ihn nicht anfassen, weil er noch nicht in die Gegenwart seines Vaters aufgefahren war. Das Wesen ihrer Beziehung hatte sich verändert. Er war nicht mehr der irdische Jesus, sondern ein himmlischer Jesus in einem Übergangszustand.

Das ist das einzige Mal im Neuen Testament, dass Jesus und Maria allein miteinander sind. In seiner Gegenwart wurde sie zweifach gesegnet:

Erstens bezeichnete Jesus Maria als seine Schwester, indem er sagte:»Geh aber hin zu meinen Brüdern und sprich zu ihnen: Ich fahre auf zu meinem Vater und eurem Vater und meinem Gott und eurem Gott« (V. 17). Da Gott *sein* Vater und auch *ihr* Vater ist, macht das Maria zu seiner Schwester. Dies ist auch das erste Mal, dass er seine Jünger *Brüder* nennt. Damit erwähnt er explizit die neue Familie, die entstanden ist. Jesus ist der »große Bruder«, und wir alle sind Teil der Familie.

Zweitens gab Jesus Maria eine Aufgabe:»*Geh* zu meinen Brüdern.« *Sie* soll zurückkehren, um den Jüngern zu berichten, was sie gesehen und gehört hat. Diese Frau ist die erste Zeugin der Auferstehung, die Erste, die anderen die Neuigkeit überbringt. *Diese zentrale Lehre des Christentums wurde zuerst von einer Frau verkündigt!*

Warum wählte Jesus Maria für die Überbringung dieser frohen Botschaft aus? Höchstwahrscheinlich aus mehreren Gründen. In erster Linie wählte er sie wegen ihrer Treue. Sie hatte nicht wie Petrus ihn verleugnet. Sie hatte nicht wie die Jünger ihn verlassen. Sie war in der Nähe des Kreuzes geblieben, als er starb. Sie ging zum Grab, um seinen Leib zu salben. Sie war bereit, nach seinem fehlenden Leib zu suchen.

Jesus wählte Maria auch aufgrund ihrer Liebe zu ihm aus. Sie liebte Jesus, nicht auf romantische Weise, sondern mit einer Liebe und Hingabe, die sich aus der Dankbarkeit für das ergab, was er für sie getan hatte. Er hatte sie aus der Gefangenschaft durch teuflische Qualen und Leiden befreit. Er hatte ihr Leben grundlegend und radikal verändert und ihr etwas gegeben, wofür sie leben konnte. Kein Wunder, dass sie ihn so innig liebte! Täten Sie das nicht auch? Diejenigen von uns, die er befreit und denen er ihre Sünden vergeben hat, lieben ihn ebenfalls innig. *Jeder Sünder hat eine Vergangenheit – jeder Heilige hat eine Zukunft.*

Und dann darf man nicht vergessen, dass sie in diesem Augenblick die Einzige am Grab war. Maria hatte sich das Recht verdient, als eine der größten Frauen des Neuen Testaments geehrt zu werden. Dies ist übrigens ein Beweis für die historische Authentizität des Berichts. Kein jüdischer Verfasser der Antike hätte eine Geschichte erfunden, in der eine Frau die erste Zeugin eines der wichtigsten Ereignisse des Christentums ist! Die Juden akzeptierten das Zeugnis einer Frau nicht einmal; vor Gericht und sonst wo zählte es nicht. Kein Wunder, dass Maria andere Frauen mitnahm, um den Jüngern die Neuigkeit zu überbringen.

Wie vorherzusehen war, glaubten die Jünger Maria und den anderen Frauen nicht, als sie sagten, Jesus lebe. »Und diese Worte erschienen vor ihnen wie leeres Gerede, und sie glaubten ihnen nicht« (Lukas 24,11). Eigentlich sagte Jesus damit zu Maria: »Sie vertrauen dir nicht, aber ich schon. … Ich weiß, dass du eine rechtschaffene Frau bist; ich weiß, dass du es wert bist, eine Botschaft für mich zu überbringen.«

Alle vier Evangelien beharren darauf, dass Jesus zuerst Frauen erschien. Darrell Bock schreibt: »Dieses so gegen den Strich der Kultur der Antike gehende Detail ist eines der Hauptindizien dafür, dass die Auferstehungsberichte nicht von der christlichen Gemeinde erfunden wurden, um Jesus zu vergöttlichen.«[3] Jesus zertrümmerte die Klischees.

---

3   Darrell L. Bock, *Die Sakrileg-Verschwörung* (Gießen: Brunnen, 2006), S. 122.

Laut Leonard Swindler weist Jesus mit seinem Auftrag an Maria den Status zweiter Klasse, den Frauen hatten, deutlich zurück. Jesus bemüht sich »so offensichtlich« darum, Frauen mit dem Evangelium in Verbindung zu bringen, »dass es überdeutlich von der Kurzsichtigkeit des männlichen Intellekts zeugt, die dazu führte, dass diese Tatsache in zweitausend Jahren kaum einem wirklich aufgefallen ist«.[4] Dieses Ereignis war eine deutliche Bestätigung des Werts und der Verdienste von Frauen.

Die Auferstehung veränderte Maria. Wir alle kennen Menschen, die am Grab eines kleinen Kindes oder eines anderen geliebten Menschen stehen mussten, und fragen uns, wie sie weiterleben können. Die Auferstehung gibt uns die Zuversicht, dass diese Gräber eines Tages genauso leer sein werden wie Jesu Grab. »Weil ich lebe, werdet auch ihr leben« (Johannes 14,19). Am Kreuz zu stehen und nicht zu wissen, dass es eine Auferstehung gibt, wäre ein Grund zum Verzweifeln. Doch wie Maria, die verkündete: »Ich habe den Herrn gesehen!«, können wir gewiss sein, dass der Christus, den wir lieben, lebt und dass wir die Ewigkeit mit ihm verbringen werden.

Jesus wurde zu Menschen hingezogen, die machtlos und an den Rand gedrängt waren, die Hilfe brauchten und das auch eingestanden. Dasselbe gilt auch heute. In früheren Zeiten fühlten sich auch Frauen zu Jesus hingezogen. »Seine reine Seele, seine ehrerbietige Höflichkeit gegenüber dem [anderen] Geschlecht, sein Engagement für die gleiche Würde von Männern und Frauen vor Gott und seine Forderung nach vollem Einsatz bei der Verbreitung des Reiches Gottes zogen sie an.«[5]

In Hebräer 13,8 heißt es: »Jesus Christus ist derselbe gestern und heute und in Ewigkeit.« Deshalb ist Jesus heute noch derselbe Mann. Wir können ihm vertrauen, so wie ihn die Frauen seiner Zeit für vertrauenswürdig hielten.

---

4   Leonard Swindler, »Jesus Was a Feminist«, in: *Catholic World*, 1971, S. 180.
5   Zitiert in Southard, *The Attitude of Jesus Toward Women*, S. 122.

Und für ihn wurden sie dann zuverlässige Freundinnen. Jesus handelte gegen herrschende Vorurteile und gab Frauen eine wichtige Rolle in der christlichen Gemeinde. Er ließ sich von ihnen helfen, und sie brachten ihm Hingabe und Zuverlässigkeit entgegen. Als die Mutter von Jakobus und Johannes mit einer Frage zu ihm kam, hörte er ihr höflich zu. Jede Frau, die Jesus begegnete, fühlte sich bestätigt und wertgeschätzt, weil er ihr seine volle Aufmerksamkeit widmete. Heute fordert er Frauen auf, aus dem Schatten zu treten und ihm mit ihren Gaben nach Kräften zu dienen. Maria Magdalene ist der Beweis dafür: *Wer wir sind, entscheidet nicht darüber, wer wir sein werden.*

Sie erinnert uns auch daran, dass Jesus uns ohne unser Wissen nahe sein kann. Der aufgefahrene Christus ist in unserer Mitte. Er ist an unserer Seite. Er ruft unseren Namen, aber wir sind vielleicht zu beschäftigt, um es zu hören. Durch Umstände, durch Leiden, durch eine Freundin oder einen Freund und besonders durch die Erzählungen des Neuen Testaments spricht er – und er will, dass wir hören. Er ist uns näher als wir wissen.

Wir können also sagen, dass Frauen in der Geschichte der christlichen Gemeinde einen wesentlichen Beitrag geleistet haben. Ein Bereich, der oft übersehen wurde, ist die Dichtung von geistlichen Liedern. Eine solche Liederdichterin ist Jennie Evelyn Hussey, die im frühen 20. Jahrhundert in New Hampshire lebte. Sie verbrachte den Großteil ihres Lebens damit, ihre kranke Schwester zu pflegen, obwohl sie selbst an schwerer Arthritis litt. Als der Schmerz beinahe unerträglich wurde, schrieb sie ein unvergessliches Gedicht mit dem Titel »Führ mich nach Golgatha«. Damit sicherte sie sich einen Platz unter den großen Dichtern unserer Zeit. Wir singen:

Lass mich bereit sein, Herr, für dich
täglich mein Kreuz zu tragen.
So wie du für mich alles trugst,
führ mich nach Golgatha.

Doch die Strophe, die wir zu unserem eigenen Gebet machen können, ist diese:

Wie Maria will auch ich im Schmerz
dir meine Gaben bringen.
Zeige mir jetzt das leere Grab,
führ mich nach Golgatha.

Von Maria lernen wir, dass wir uns über das Kreuz hinaus zu dem leeren Grab begeben müssen. Dort können wir durch unsere Tränen Hoffnung und Hilfe finden, wenn Jesus uns beim Namen ruft. Und wenn wir unseren Namen hören, sind wir eingeladen, die Gute Nachricht von Jesus mit allen zu teilen, denen wir begegnen.

Ein Gebet

Ja, Vater, wie Maria möchte ich in Jesu leeres Grab spähen und die Gewissheit erleben, dass du trotz meiner eigenen Enttäuschungen und Einsamkeit neben mir stehst. Ich danke dir dafür, dass du Maria aus ihrem persönlichen Kerker befreit und ihr Hoffnung und Heilung geschenkt hast. Das bitte ich auch für mich selbst und für alle in meiner Umgebung, die auch etwas von deiner Gnade brauchen. Ich danke dir für deine Liebe und Begleitung. In Jesu Namen, Amen.

[Jesus] musste aber durch Samaria ziehen. Er kommt nun in eine Stadt Samarias, genannt Sichar, nahe bei dem Feld, das Jakob seinem Sohn Joseph gab. Es war aber dort eine Quelle Jakobs. Jesus nun, ermüdet von der Reise, setzte sich so an der Quelle nieder. Es war um die sechste Stunde. Da kommt eine Frau aus Samaria, um Wasser zu schöpfen. Jesus spricht zu ihr: Gib mir zu trinken! (Denn seine Jünger waren weggegangen in die Stadt, um Speise zu kaufen.) Die samaritische Frau spricht nun zu ihm: Wie bittest du, der du ein Jude bist, von mir zu trinken, die ich eine samaritische Frau bin? (Denn die Juden verkehren nicht mit den Samaritern.) Jesus antwortete und sprach zu ihr: Wenn du die Gabe Gottes kenntest und wüsstest, wer es ist, der zu dir spricht: Gib mir zu trinken, so hättest du ihn gebeten, und er hätte dir lebendiges Wasser gegeben. Die Frau spricht zu ihm: Herr, du hast kein Schöpfgefäß, und der Brunnen ist tief; woher hast du denn das lebendige Wasser? Du bist doch nicht größer als unser Vater Jakob, der uns den Brunnen gab, und er selbst trank daraus und seine Söhne und sein Vieh? Jesus antwortete und sprach zu ihr: Jeden, der von diesem Wasser trinkt, wird wieder dürsten; wer irgend aber von dem Wasser trinkt, das ich ihm geben werde, den wird nicht dürsten in Ewigkeit; sondern das Wasser, das ich ihm geben werde, wird in ihm eine Quelle Wassers werden, das ins ewige Leben quillt. Die Frau spricht zu

ihm: Herr, gib mir dieses Wasser, damit mich nicht dürste und ich nicht mehr hierher komme, um zu schöpfen. Jesus spricht zu ihr: Geh hin, rufe deinen Mann und komm hierher! Die Frau antwortete und sprach zu ihm: Ich habe keinen Mann. Jesus spricht zu ihr: Du hast recht gesagt: Ich habe keinen Mann; denn fünf Männer hast du gehabt, und der, den du jetzt hast, ist nicht dein Mann; hierin hast du die Wahrheit gesagt. Die Frau spricht zu ihm: Herr, ich sehe, dass du ein Prophet bist. Unsere Väter haben auf diesem Berg angebetet, und ihr sagt, dass in Jerusalem der Ort sei, wo man anbeten müsse. Jesus spricht zu ihr: Frau, glaube mir, es kommt die Stunde, da ihr weder auf diesem Berg noch in Jerusalem den Vater anbeten werdet. Ihr betet an und wisst nicht, was; wir beten an und wissen, was; denn das Heil ist aus den Juden. Es kommt aber die Stunde und ist jetzt, da die wahrhaftigen Anbeter den Vater in Geist und Wahrheit anbeten werden; denn auch der Vater sucht solche als seine Anbeter. Gott ist ein Geist, und die ihn anbeten, müssen in Geist und Wahrheit anbeten. Die Frau spricht zu ihm: Ich weiß, dass der Messias kommt, der Christus genannt wird; wenn er kommt, wird er uns alles verkündigen. Jesus spricht zu ihr:
Ich bin es, der mit dir redet.

Johannes 4,4-26

❧

Jesus begegnet
einer geschiedenen Frau

Eine Scheidung trifft auch Menschen, die mit den besten Absichten heiraten.

Vor vielen Jahren stellte Gott eine liebe Frau namens Ellen in unser Leben. Im Laufe ihres Lebens erlebte sie viele schmerzhafte, traurige Enttäuschungen. Ellen wuchs in einer Familie auf, in der sie beschimpft wurde und vermittelt bekam, wertlos zu sein. Ihre Familie war arm, und die Erziehung war sehr streng. Sie glaubte, gut geheiratet zu haben, doch die Sticheleien ihres Ehemanns verwandelten sich schon bald in grausamen und sexuell anzüglichen Spott. Über drei Jahre lang ertrug sie seine Beschimpfungen. Eines Nachts beschuldigte er sie der Untreue, schlug sie zusammen, nahm ihre gemeinsame Tochter mit und verließ seine Frau.

Einige Wochen später zwang er Ellen dazu, die Scheidungspapiere zu unterzeichnen, indem er ihr Leben und das ihres Kindes bedrohte. Aus Angst vor ihm unterschrieb sie. Ihr war nicht klar, dass sie ihm damit das Sorgerecht für ihre kleine Tochter übertrug. Ihr Ex-Mann hatte ihr das Wissen vorenthalten, dass ihre Tochter nur wenige Kilometer weiter bei seinen Eltern wohnte. Ich (Rebecca) war an dem Tag bei Ellen, an dem sie erfuhr, dass ihr Ex-Mann ihre Tochter mit in einen anderen Bundesstaat nahm. Entsetzt und ungläubig brach Ellen auf dem Boden zusammen, kreischte und betrauerte den Verlust ihrer geliebten Tochter. Ich suchte in der Bibel nach Trost und Hoffnung, doch Gott schien weit weg, und Ellen ließ sich nicht trösten.

In ihrem Kummer und ihrer Verzweiflung begann Ellen eine Beziehung mit einem Mann, der von seiner Frau verlassen worden war. Er behauptete, Christ zu sein, und sobald seine Scheidung rechtskräftig war, heirateten sie. Diese Ehe hielt beinahe fünfzehn Jahre, in denen ihr neuer Ehemann Ellen mehrfach untreu war. Ellen gab sich jedes Mal große Mühe, ihm zu vergeben, und bemühte sich verzweifelt, die Ehe um ihrer zwei gemeinsamen Kinder willen aufrechtzuerhalten. Doch zu ihrem Leidwesen verließ ihr Mann die Familie schließlich, um mit einer gemeinen und rachsüchtigen Frau zusammenzuleben. Es folgte eine weitere Scheidung. Dies war eine Zeit voller unbeschreiblicher Erniedrigungen und Leiden für Ellen.

Nun war sie arbeitslos, stand kurz vor der Obdachlosigkeit und war emotional schwer traumatisiert. Auf der Suche nach dem bestmöglichen Ort für die beiden Kinder, die sie mit ihrem zweiten Mann hatte, zog Ellen mehrmals um. Sie arbeitete hart, um die Familie zu versorgen, die Kinder durch die Highschool zu bringen und dafür zu sorgen, dass sie aufs College gehen konnten. Es schien, als ob Gott ihr half und sie segnete.

In aller Unschuld entwickelte sich eine Freundschaft mit einem Kollegen. Auch er war verletzt und traumatisiert, doch mit Gott konnte er nichts anfangen. Da sie ebenfalls viel durchgemacht hatte, empfand Ellen großes Mitleid für ihn und half ihm sogar dabei, einige schreckliche Erinnerungen aus seiner Vergangenheit zu verarbeiten. Sie wurden gute Freunde und halfen einander bei den Schwierigkeiten des Alltags. Ellen betete ernsthaft dafür, dass er erkannte, dass er Gott und einen Erretter brauchte.

Letztlich begannen sie doch eine romantische Beziehung. Sogar von Heirat war die Rede. Doch aus Monaten wurden Jahre, und allmählich veränderte sich ihre Beziehung. Er ließ sich mit einer Reihe unehrlicher Leute ein und traf sich mit anderen Frauen. Ellen hoffte verzweifelt, er möge sich Gott zuwenden, doch sein Verhalten zermürbte sie. In ihrer Beziehung kam es zu Beschimpfungen, emotionalem Missbrauch und körperlicher Gewalt. Eine Beziehung, die einst so vielversprechend ausgesehen hatte, verwandelte sich in einen furchtbaren Albtraum.

Wieder einmal machte sich Ellen auf den langen und schmerzhaften Weg der Trennung, der Demütigung, der Einsamkeit und des Neuanfangs. Wieder einmal hatten die Männer und scheinbar auch Gott sie im Stich gelassen – Vater, Ehemänner, Freunde,

Familie. Sie fühlte sich benutzt und verlassen. Vor Schmerz und Verzweiflung wollte sie sterben.

Doch heute ist Ellen am Leben. Sie dankt Gott dafür, dass er sie auch in diesen Jahren des Herumirrens, Suchens und Leidens nicht verlassen hat. Zwei Scheidungen, sündhafte Beziehungen und durch zerbrochene Familien verletzte Kinder – auch das konnte sie nicht von Gottes Liebe trennen.

Wie auch die Frau am Jakobsbrunnen entdeckt hat: Jesus kommt zu denen, die die Narben einer sündhaften Vergangenheit tragen, und gibt ihnen die Hoffnung auf eine bessere Zukunft. Er ist der Freund der Verletzten und Hoffnungslosen, der Freund derer, die mit leidvollen Erfahrungen und schweren Verlusten leben.

Fünf gescheiterte Ehen!

Die Frau am Jakobsbrunnen hatte ihre Illusionen über das Leben im Allgemeinen und über Männer im Besonderen verloren. Sie hatte verzweifelt versucht, den richtigen Mann zu finden, doch ihre Auswahl war begrenzt. Bei jeder neuen Ehe hatte sie gehofft, diese würde besser werden als die letzte. Doch diesmal kam es ihr lächerlich vor, noch einmal zu heiraten. Männer konnten sich aus belanglosen Gründen von ihren Frauen scheiden lassen. Das konnte sie nicht noch einmal durchmachen. Möglicherweise hatte der Mann, mit dem sie zusammenlebte, keine bessere Geschichte vorzuweisen als sie selbst. Vielleicht waren einer oder mehrere ihrer Ehemänner gestorben, und sie hatte Kinder, für die sie sorgen musste.

Wie auch immer die Einzelheiten waren: Sie war voller Scham, Schuld, Wut, Zynismus – diese Gefühle waren ihre ständigen Begleiter. Sie war eine Versagerin, eine Enttäuschung für ihre Freunde und ganz besonders für sich selbst. Es war schlimm genug, einen solchen Ruf zu haben. Doch sie war auch noch Samariterin, Angehörige einer verachteten Minderheit.

Sie war todunglücklich und einsam – eine Frau, die nicht geachtet wurde und keine Rechte hatte. Wer war sie? Wir kennen sie nur als die Samariterin, die Frau am Brunnen, die eines Morgens erwachte, ohne zu wissen, dass sie eine Verabredung mit Gott haben würde.

Zweifellos war sie in ihrer Stadt verschrien; sie war die Frau, über die man sich auf dem Marktplatz etwas zuflüsterte. Sie wurde in einen Mischlingsstamm hineingeboren, in ein Volk, in dessen Adern das unreine Blut der heidnischen Assyrer floss. Die Juden betrachteten diese Samariter mit Verachtung; sie waren schlimmer als die von ihnen als »Hunde« bezeichneten Heiden. Weder ihre Abstammung noch ihre Leistungen sprachen für diese Frau. Und dennoch wählte Jesus sie als den Menschen aus, dem gegenüber er erstmals seine Identität als Messias offenbarte.

Jesu Reiseroute

Zu Jesu Zeiten war Palästina in drei klar abgegrenzte Gebiete aufgeteilt: Galiläa, Judäa und Samaria. Nachdem Jesus Judäa verlassen hatte, um nach Galiläa zurückzukehren, lesen wir:»Er musste aber durch Samaria ziehen. Er kommt nun in eine Stadt Samarias, genannt Sichar, nahe bei dem Feld, das Jakob seinem Sohn Joseph gab. Es war aber dort eine Quelle Jakobs. Jesus nun, ermüdet von der Reise, setzte sich so an der Quelle nieder. Es war um die sechste Stunde« (Johannes 4,4-6).

Zwischen Judäa im Süden und Jesu Ziel Galiläa im Norden lag das Gebiet Samaria, ein wunder Punkt im Leben des jüdischen Volkes. Der Rassenhass geht zurück auf das Jahr 622 v. Chr., als die Assyrer Tausende Juden in ihr eigenes Land verschleppten, ehe sie diesen Teil Israels mit ihrer eigenen heidnischen Bevölkerung neu besiedelten. Zwangsläufig kam es zu Mischehen, und deren Nachkommen wurden als Schande für die Reinheit des jüdischen Volkes betrachtet.

Die Juden lehnten es sogar ab, durch Samaria zu gehen. Sie

überquerten den Jordan an seiner Südspitze am Toten Meer und gingen dann östlich des Flusses entlang durch das Gebiet, das man später »Transjordanien« nannte. Dann überquerten sie den Fluss weiter nördlich in der Nähe von Galiläa, sodass sie Samaria ganz umgingen. Warum? Weil ihnen Samaria aufgrund ihrer Vorurteile und seiner heidnischen Bräuche unangenehm war. Jeder Jude, der etwas auf sich hielt, wollte sicherstellen, dass er keinen unreinen Boden betrat. Selbst samaritisches Brot wurde als »Schweinefleisch« bezeichnet.

Es gab auch eine religiöse Grenze. Samariter waren im Tempel in Jerusalem nicht willkommen. Als verachtete Minderheit reisten sie an den Festtagen nicht nach Jerusalem. Daher gründeten sie ihre eigene Religion mit eigenem Altar auf dem Berg Garizim, der etwa einen Kilometer vom Jakobsbrunnen entfernt war. Mit der Zeit verkam ihre Religion zum Heidentum.

Heute ist es leider oft an der Tagesordnung, dass wir Menschen meiden, die eine andere Religion ausüben oder deren Lebensstil nicht zu unseren geschätzten Überzeugungen passt. Statt ihre Welt mit dem Evangelium zu betreten, sind wir versucht, unter uns zu bleiben und mit derselben Einstellung wie die Juden mit den Fingern auf andere zu zeigen.

Judäa. Galiläa. Jerusalem. Für Juden lag Samaria nicht »auf dem Weg« zu einem dieser viel besuchten Orte. Mit dieser Route übertrat Jesus kulturelle, religiöse und ethnische Grenzen, um dieser Frau Hoffnung und Befreiung zu bringen. Deshalb fällt uns Johannes' Aussage über Jesus auf: »Er *musste* aber durch Samaria ziehen« (Johannes 4,4; Hervorhebung hinzugefügt). Der griechische Text ist noch nachdrücklicher; er enthält das Wörtchen *dei*, was »es ist notwendig« bedeutet. Nicht geografisch notwendig, sondern geistlich notwendig. Dasselbe Wort gebrauchte Jesus im Alter von zwölf Jahren, als er seinen Eltern in Jerusalem erklärte: »Ich *muss* in dem sein …, was meines Vaters ist« (Lukas 2,49; Hervorhebung hinzugefügt).

Die unerwartete Bitte

Jesus und seine Jünger waren nach ihrer Reise unter der heißen Sonne Judäas müde, hungrig und durstig. Jesus setzte sich in der Nähe des Jakobsbrunnen nieder, während die Jünger in die nahe gelegene Stadt gingen, um Essen zu kaufen. Er war allein, als sich eine Frau mit ihrem Wasserkrug näherte. »Da kommt eine Frau aus Samaria, um Wasser zu schöpfen. Jesus spricht zu ihr: Gib mir zu trinken!« (Johannes 4,7).

Diese einfache Bitte um etwas zu trinken war der Weg zu einem ausführlichen Gespräch über ihre Vergangenheit, ihr Versagen und das Geschenk des lebendigen Wassers, das alle erhalten konnten, die es wollten. Als die Jünger später zurückkehrten, waren sie höchst erstaunt, dass Jesus allein am helllichten Tag mit einer Frau redete.

Warum so überrascht?

Werfen wir einen Blick auf einen Text aus dem späten 2. Jahrhundert. Die *Mischna* ist eine schriftliche Sammlung der mündlich überlieferten jüdischen Gesetze, die die Einstellung der Juden zu Frauen während Jesu Zeit auf der Erde widerspiegelt. Die Mischna behandelt unter anderem auch, wie sich Männer gegenüber Frauen verhalten sollten. »Niemand, der mit Frauen zu tun hat, soll mit Frauen allein sein«, lesen wir da. Später findet sich die Warnung: »Sprich nicht viel mit einer Frau.« Die Begründung war, dass man sich damit nur Ärger einhandle.[6] Rabbis sprachen in der Öffentlichkeit nicht einmal mit ihren eigenen Frauen oder Töchtern.

Jesus befolgte diese Traditionen nicht. Wenn wir zu schnell über diese Geschichte hinweglesen, entgeht uns vielleicht, welche Bedeutung Jesu Gespräch mit dieser samaritischen Frau wirklich hatte. Mit dieser einen Handlung zertrümmerte er Klischees und Tabus, die jahrhundertelang sorgfältig gepflegt worden waren. Er widmete seine Aufmerksamkeit und seine Zeit

---

6   Darrell L. Bock, *Die Sakrileg-Verschwörung*, S. 51.

einer Frau, die jeder Mann ignoriert hätte – ob er nun fromm war oder nicht. Er redete mit ihr – in der Öffentlichkeit – über die Geheimnisse ihres Herzens. Jesus musste dorthin gehen, wo andere sich nicht sehen lassen wollten, und musste tun, was andere nicht tun konnten.

Wer war sie? Eine Angehörige der verachteten samaritischen Rasse – unmoralisch, arm und heidnisch. Ihre emotionalen Lasten wogen schwerer als der Wasserkrug, den sie zurück in die Stadt tragen wollte. Jesus wusste, dass er der Einzige war, der ihr helfen konnte. Es war wichtig, dass er bei ihrer Ankunft dort war.

Das persönliche Gespräch

Johannes berichtet, dass die Frau »um die sechste Stunde« zu dem Brunnen kam. In der Antike war die erste Stunde um sechs Uhr morgens. Wir können also davon ausgehen, dass die Frau gegen Mittag ankam, als die Sonne am höchsten stand.

Warum ist dieses Detail von Bedeutung? Die Frauen der Stadt holten oft gemeinsam Wasser. Normalerweise kamen sie morgens, um die glühende Mittagssonne zu meiden. Es war ihre Sitte, früh zum Brunnen zu kommen und dieses gesellschaftliche Ereignis zu genießen. Es war eine Zeit, in der sie mit den anderen Frauen der Stadt reden konnten. Sie hatten so wenig Gelegenheit, Kontakte zu knüpfen, dass sie sich dieses tägliche Ritual zunutze machten.

Es ist gut möglich, dass diese Frau mittags allein zum Brunnen kam, um den Kontakt mit den anderen Frauen zu vermeiden, die ihr Wasser für diesen Tag bereits geholt hatten. Vermutlich war sie selbst bei anderen Gelegenheiten das Thema von deren Klatsch-Geschichten. Und obwohl sie sich nach deren Freundschaft sehnte, hielten sie der Schmerz der Zurückweisung und der Verachtung fern, bis die anderen weg waren.

Wenn die anderen Frauen ihr nur eine Gelegenheit zum

Reden gegeben hätten, hätte sie erklären können, wie manche ihrer Männer sich aus belanglosen Gründen hatten scheiden lassen, wie sie aus verzweifelter Sorge um ihre Kinder eine weitere Ehe eingegangen war, wie sie von den Versprechungen und Lügen der Männer getäuscht worden war. Sie nahm es den anderen Frauen nicht einmal übel, dass sie ihr aus dem Weg gingen. Sie wusste, dass sie in der Stadt einen schlechten Ruf hatte. Ob dies gerechtfertigt war oder nicht: Sie war verachtet und einsam.

Hier war eine Frau, die hören musste, was Jesus zu sagen hatte, und lernen musste, was nur er sie lehren konnte. Sie brauchte die Einladung zu einer neuen Sorte Wasser aus einer anderen Quelle – Wasser, das ihr eine neue Lebensqualität geben würde. Und diese Frau, von der man es kaum gedacht hätte, sollte der Weg sein, durch den viele andere das ewige Leben finden würden.

Als Jesus die Samariterin um etwas zu trinken bat, wusste sie gleich, dass der erschöpfte Fremde ein Jude war. Sie reagierte überrascht:»Wie bittest du, der du ein Jude bist, von mir zu trinken, die ich eine samaritische Frau bin?« (Johannes 4,9). Sie war nicht nur entsetzt, weil ein Jude eine Frau – eine samaritische Frau – um etwas zu trinken bat, sondern auch, weil Jesus keinen eigenen Becher dabeihatte.

Die meisten Reisenden zu Jesu Zeit hatten einen Eimer dabei, damit sie etwas trinken konnten, wenn sie auf eine Wasserquelle stießen. Jesus hatte wahrscheinlich einen Eimer, doch vielleicht hatten die Jünger diesen mit in die Stadt genommen, um ihn füllen zu lassen. Ein weiteres jüdisches Gesetz untersagte es Juden, aus einem Gefäß zu trinken, das einem Ausgestoßenen gehörte. Denn das hätte sie kultisch und vermutlich auch körperlich unrein gemacht.

Jesus wich einer direkten Antwort auf ihre Frage aus und sagte nur:»Wenn du die Gabe Gottes kenntest und wüsstest, wer es ist, der zu dir spricht: Gib mir zu trinken, so hättest du ihn gebeten, und er hätte dir lebendiges Wasser gegeben« (V. 10).

Irgendetwas an seiner Redeweise und an seiner Freundlichkeit fesselte ihre Aufmerksamkeit. Sie vermutete, dass er kein normaler Mann war – etwas an ihm war ungewöhnlich.

Jesus erniedrigte sich selbst, indem er sich von dieser Frau abhängig machte. Ja, er war Gottes Sohn und hätte durchaus Wasser für sich selbst erschaffen können. Aber er will uns wissen lassen, dass *Gott* eine samaritische Frau um etwas zu trinken bittet.

Jesus verdiente sich schnell den Respekt dieser Frau. Sie sprach ihn nun mit *Herr* an. Doch noch immer dachte sie aus rein menschlicher Perspektive, als sie in Vers 11 fragte:»Herr, du hast kein Schöpfgefäß, und der Brunnen ist tief; woher hast du denn das lebendige Wasser?« (Für Juden bedeutete »lebendiges Wasser« fließendes Wasser, das dem stehenden Brunnenwasser stets vorzuziehen war.)

Sie fuhr fort:»Du bist doch nicht größer als unser Vater Jakob, der uns den Brunnen gab, und er selbst trank daraus und seine Söhne und sein Vieh?« (V. 12). Jeder Jude, der etwas auf sich hielt, hätte der Behauptung, dass ihr samaritisches Volk von Jakob abstammte, zweifellos widersprochen. Jesus verlor sich natürlich nicht in solchen Fragen. Er wusste, dass sie in Wirklichkeit zwei Fragen stellte:»Woher willst du dieses ›lebendige Wasser‹ nehmen?« und »Wer bist du *wirklich*?«

Das ist die Geschichte unseres Lebens: Wenn Gott uns eine Zusage gibt, stellen wir sie infrage und fragen eigentlich:»›Herr, wo ist dein Eimer? … Wie willst du das machen? Ich sehe nicht, dass du dein Versprechen einlösen kannst.‹ Wie die Samariterin wissen wir nicht wirklich, mit wem wir reden. Wir verstehen seine Macht und seine Absichten nicht.«[7]

Nicht alle Zusagen, die Jesus uns gibt, werden zu unseren Lebzeiten erfüllt. Manchmal glauben wir fälschlicherweise, er habe uns bestimmte Dinge versprochen. Er verspricht uns zum Beispiel nicht Wohlstand, körperliche Heilung oder alles, was

---

7   Mary Whelchel, unveröffentlichtes Manuskript.

wir wollen. Aber er verspricht uns seine innige Liebe. Er wird immer bei uns sein – was auch immer wir durchmachen. Er wird sich zu seiner Zeit und auf seine Weise um unsere Bedürfnisse kümmern. Er wird uns immer vergeben, wenn wir unsere Sünde bekennen. Andere Zusagen werden erst in der Zukunft erfüllt, doch das Geschenk des ewigen Lebens, das Jesus dieser Frau anbot, begann in dem Moment, als sie es annahm.

Wenn *Sie* dieses Geschenk noch nie empfangen haben, können Sie das heute, jetzt gleich, tun. Bitten Sie Jesus, Ihre Sünden zu vergeben und Ihr Erretter zu sein. Dann gehört dieses lebendige Wasser auch Ihnen!

Der Glaube vertraut auch ohne Seil und Eimer und ohne Schild oder Erklärung.[8] Jesus sagt nicht:»Frau, du redest mit Jesus von Nazareth … lass mich dir erzählen, welche Wunder ich schon vollbracht habe.« Er führt nur sein Versprechen näher aus: »Jeden, der von diesem Wasser trinkt, wird wieder dürsten; wer irgend aber von dem Wasser trinkt, das ich ihm geben werde, den wird nicht dürsten in Ewigkeit; sondern das Wasser, das ich ihm geben werde, wird in ihm eine Quelle Wassers werden, das ins ewige Leben quillt« (V. 13-14). Sie hatte keine Ahnung, dass sie in Wirklichkeit mit dem Schöpfer des Wassers redete!

Verständlicherweise zeigte die Samariterin Interesse. Liebend gern hätte sie dieses Wasser gehabt, damit sie nicht täglich mit ihrem Wassergefäß den ganzen Weg zum Brunnen gehen müsste. Keine einsamen Ausflüge in der Hitze des Tages mehr, um Wasser zu holen! Wenn Jesus ihr eine Art von Wasser geben könnte, das ihren Durst dauerhaft stillte, wäre das Leben wirklich einfacher. Ihr Körper war erschöpft von dieser Arbeit, und ihre Seele war erschöpft von der Schande. Ja, es klang wie ein tolles Angebot. Sie hatte einen Mann gefunden,»aus dessen Augen ihr Güte und Freundlichkeit entgegenlächelten und nicht kritische Überlegenheit«.[9]

---

8   Ebd.
9   William Barclay, *Johannesevangelium*, Bd. I (Neukirchen-Vluyn: Aussaat, 1969), S. 155.

Als Jesus ihr versprach, sie würde nie wieder Durst haben, fragte sie sich, was für ein arbeitssparendes Hilfsmittel er wohl haben könnte. In ihren Augen war Jesus einfach ein Mittel, um an Wasser zu gelangen, so wie wir oft versucht sind, ihn für unsere eigenen Ziele und Zwecke zu benutzen.

Jesus hatte ihr immer noch nicht gesagt, wer er war. Sie musste erst mit ihrer Not konfrontiert werden, ehe sie erkennen konnte, dass er ihr helfen konnte. Wenn sie kein Problem hatte, spielte es keine Rolle, mit wem sie redete. Wenn man nicht krank ist, ist es einem egal, ob ein Arzt anwesend ist. Zu diesem Zeitpunkt war es wichtiger, dass sie begriff, wer *sie* wirklich war, als wer *Jesus* wirklich war.

Jesus deckte ihre Not auf, indem er ihr Privatleben ins Spiel brachte:»Geh hin, rufe deinen Mann und komm hierher!«(V. 16). Jesus wusste, dass diese Frau Sünde verbarg, der sie sich stellen musste. Er bat sie, ihren Mann mitzubringen, weil er ihren erbärmlichen Zustand enttarnen wollte. Bei dieser Bitte zog ihr Privatleben an ihr vorüber, bis sie plötzlich ihre Not erkannte. Sie staunte über Jesu Wissen über ihr Leben.

Sie hütete sich davor, ihm alles zu erzählen. Deshalb gestand sie zögernd:»Ich habe keinen Mann«(V. 17). Das rutschte ihr einfach so heraus. Jesus sagte ihr darauf:»Du hast recht gesagt: Ich habe keinen Mann«(V. 17).

Es stimmte: Sie hatte keinen Mann. Aber manchmal reicht die halbe Wahrheit nicht aus – man muss die ganze Wahrheit sagen. Man erzählt einem Arzt nicht, dass man erkältet ist, wenn man auch Malaria hat. Jesus musste sie dazu bringen, ihre ganze schmutzige Geschichte zuzugeben.

»Denn fünf Männer hast du gehabt, und der, den du jetzt hast, ist nicht dein Mann; hierin hast du die Wahrheit gesagt«(V. 18).

Die Frau erkannte jetzt, dass er alles über sie wusste – alle jämmerlichen Einzelheiten. Nervös meinte sie:»Herr, ich sehe, dass du ein Prophet bist«(V. 19). Damit gab sie zu, dass seine Aussage wahr war. Obwohl sie ihm nichts über sich erzählt hatte, deckte

Jesus auf, wie kaputt ihr Leben war. Und dennoch verurteilte er sie nicht.

Bei jeder seiner persönlichen Begegnungen mit Frauen weiß Jesus alles über sie, doch er verurteilt sie nie. Wenn er diejenigen verurteilen wollte, die versagt haben – ob nun aus freier Entscheidung oder durch die Schuld anderer –, würde er sie nur in ihre eigene Folterkammer der Schuld und Wut zurückschicken. Jesus führt Frauen immer aus ihrer Schande heraus in das Licht der Vergebung und des Angenommenseins.

Zwei Segnungen

Der Samariterin wurden zwei außergewöhnliche Segnungen angeboten. Zunächst erhielt sie lebendiges Wasser, was natürlich eine doppelte Bedeutung hat. Zunächst ist damit Trinkwasser gemeint, das unseren körperlichen Durst löscht. Doch dieses Wasser ist auch ein Symbol für Gott – den Quell, der unseren geistlichen Durst löscht. Im Alten Testament wird mit dem Wort *Durst* das Verlangen der Seele nach Gott bezeichnet; und *lebendiges Wasser* ist eine Umschreibung für Gott selbst.

Im Alten Testament wurde verheißen, dass mit der Ankunft des Messias die Menschen Wasser aus den Quellen der Rettung schöpfen (Jesaja 12,3) und alle Durstigen von diesem Wasser würden trinken können (Jesaja 55,1). Jeder Mensch verspürt eine ungestillte Sehnsucht, eine unbestimmte Unzufriedenheit und Leere. Augustinus hat es am besten ausgedrückt:»Zu deinem Eigentum erschufst du uns, und ruhelos ist unser Herz, bis es ruhet in dir.«[10]

Jesus gebrauchte den Durst, um der Frau am Jakobsbrunnen ihre geistliche Not zu zeigen. Außerdem sagte er ihr damit, dass das Wasser, das er ihr geben könnte, übernatürlich war und ihr sowohl ewiges Leben als auch geistliche Reinigung bieten

---

10 *Die Bekenntnisse des heiligen Augustinus*, übersetzt, eingeleitet und mit Anmerkungen versehen von Otto F. Lachmann (Leipzig: Philipp Reclam jun., 1888), S. 23.

würde. Mit dem Versprechen, dass er ihren Durst für immer vertreiben könne, erhob Jesus Anspruch auf den Status als Messias: »Sie werden nicht hungern und nicht dürsten« (Jesaja 49,10). *Dieses Geschenk des ewigen Lebens brauchte sie nur anzunehmen.*

Mit seiner großartigen Aussage auf dem Laubhüttenfest dehnte Jesus wenige Kapitel später diese Einladung nachdrücklich auf alle aus: »Wenn jemand dürstet, so komme er zu mir und trinke! Wer an mich glaubt, wie die Schrift gesagt hat, aus dessen Leib werden Ströme lebendigen Wassers fließen« (Johannes 7,37-38). *Innerliche Quellen für die Reise zur Ewigkeit!*

Falls sie nicht verwitwet war, hatte keiner ihrer fünf Ehemänner diese Frau so sehr geliebt, dass er an der Ehe mit ihr festgehalten hätte. Jetzt lebte sie mit einem Mann zusammen, der sie nicht heiraten wollte – oder vielleicht wollte sie ihn nicht heiraten. So oder so war es ein unbefriedigendes Arrangement. Gefühlsmäßig war sie allein. Sie trug die Schande und den Schmerz ihres Versagens allein. Im Lauf der Jahre hatte sie wahrscheinlich wegen dieser gescheiterten Beziehungen einen ganzen Eimer voller Tränen vergossen.

In ihrem Herzen brannte ein Durst, der sie ebenso lähmte wie körperlicher Durst. Der Gedanke an innerliche Quellen faszinierte sie. Wenn dieser Fremde sein Versprechen hielt, hätte sie ihren eigenen emotionalen und geistlichen Wasserspeicher – das würde bedeuten: Gnade, um klarzukommen, Kraft, um weiterzumachen und Hoffnung, die über die Schinderei ihres Lebens hinausging.

Mit einer derartigen Stärke könnte sie ihren Partner verlassen und gewiss sein, dass *sie nie wieder allein wäre.*

Die zweite Segnung, die Jesus ihr anbot, bestand in dem Vorrecht, den wahren Gott anzubeten. Diese heidnische Frau war mit dem Glauben aufgewachsen, dass der Berg Garizim und sein Altar heilig und Jerusalem verachtenswert seien. Sie erinnerte Jesus daran, dass sie und ihr Volk auf diesem Berg anbeteten, die Juden aber darauf bestanden, dass man nur in Jerusalem richtig anbeten konnte (V. 20).

»Jesus spricht zu ihr: Frau, glaube mir, es kommt die Stunde, da ihr weder auf diesem Berg noch in Jerusalem den Vater anbeten werdet. Ihr betet an und wisst nicht, was; wir beten an und wissen, was; denn das Heil ist aus den Juden. Es kommt aber die Stunde und ist jetzt, da die wahrhaftigen Anbeter den Vater in Geist und Wahrheit anbeten werden; denn auch der Vater sucht solche als seine Anbeter. Gott ist ein Geist, und die ihn anbeten, müssen in Geist und Wahrheit anbeten« (V. 21-24).

Jesus führte die Samariterin von ihrem Glauben an Schreine, Zeremonien und unbekannte Gottheiten zur Erkenntnis des nahen Gottes, den man überall anbeten kann. Falls sie die Wahrheit erkennen sollte und den Wunsch hätte, den wahren Gott auf die rechte Weise anzubeten, würde er sie dazu einladen, ihn anzubeten.

Erfolgreiche Menschen sind häufig zu sehr mit sich selbst beschäftigt, um anzubeten. Und Menschen, die anderen Göttern dienen, können keine »wahrhaftigen Anbeter« sein. Deshalb sucht der Vater nach Anbetern unter den Ausgestoßenen, unter denen, die alles vermasselt haben und die am tiefsten gefallen sind.

Stellen Sie sich das vor! Gott der Vater auf der Suche nach dieser Samariterin?

Gute Männer und Frauen hatten diese Frau gemieden, und laut Altem Testament hätte sie vermutlich die Steinigung verdient gehabt. Was wollte dieser Mann sagen, als er von einem Gott sprach, der wahrhaftige Anbeter sucht – sogar unter denen, die ihr Leben verpfuscht haben?

Erfolg, wie wir ihn im Allgemeinen verstehen, stand dieser Frau nicht offen, dafür aber Vertrautheit mit Gott. Sie konnte die Liebe des suchenden Vaters erleben. Dies zeichnet ein schönes Bild dessen, was Jesus heute tut. Er sucht unter den Versagern, den Missbrauchten und den Hoffnungslosen.

Diese Frau lebte in einem schlecht angesehenen Teil des Landes und war Angehörige eines »Mischvolks«. Doch sie war eine der Frauen des Neuen Testaments, die sich mit der Theologie am besten auskannten. Sie kannte die Gründe für die Feindschaft zwischen Juden und Samaritern. Sie wusste, dass man in einem richtigen Tempel anbeten musste. Und sie wusste vom Kommen des Messias. Sie war sich nur noch nicht sicher, ob *dieser Mann* der Messias war. Sie äußerte ihre Unsicherheit:»Ich weiß, dass der Messias kommt, der Christus genannt wird; wenn er kommt, wird er uns alles verkündigen« (V. 25). Damit brachte sie höflich zum Ausdruck, dass sie sich nicht sicher war, wer Jesus war, aber dass sie wusste, dass *der Messias* alles würde erklären können, wie und wo man anzubeten hatte.

An dieser Stelle beschloss Jesus, sich mit diesen Worten zu offenbaren:»Ich bin es, der mit dir redet« (V. 26). Welch dramatischer Augenblick!

Unglaublicherweise war diese Samariterin der erste Mensch, dem gegenüber Jesus im Johannes-Evangelium offenbarte, dass er der Messias war. Die Jünger kamen erst zu einem späteren Zeitpunkt seines Dienstes zu diesem Schluss. Ob es ihr klar war oder nicht: Diese Frau gehörte zu einigen wenigen Auserwählten, denen gegenüber Jesus, der Herr der Herrlichkeit, seine Identität preisgab. Jesus hatte nicht nur keine Angst, ein Gespräch mit ihr anzufangen, sondern er beschenkte diese einzelne Zuhörerin auch mit einer seiner wertvollsten Aussagen.[11]

Schnell lesen wir weiter, um zu sehen, wie sie reagiert, denn wir erwarten, dass sie wohl auf die Knie gefallen ist, um ihn anzubeten. Uns wird jedoch nicht gesagt, wie ihre direkte Reaktion ausfiel, da in diesem Augenblick die Jünger aus der Stadt zurückkehrten.

Offensichtlich wunderten sich die Jünger darüber, dass Jesus in der Öffentlichkeit mit einer Frau sprach. Zweifellos waren sie von der schlechten Meinung der Rabbis über Frauen beeinflusst. Es hieß:»Wenn ein Mann ein Gespräch mit einer Frau in die Länge zieht, fügt er sich selbst etwas Böses zu und verstößt

---

11 M. Madeline Southard, *The Attitude of Jesus Toward Women*, S. 89.

gegen das Gesetz.«[12] Sie waren schockiert, vielleicht sogar pein-lich berührt, weil Jesus mit einer Frau redete. Doch vielleicht waren sie auch von der ehrfürchtigen Reaktion der Frau auf Jesu Enthüllung beeindruckt. Vor Erstaunen brachten sie nicht ein-mal die Fragen hervor:»Was suchst du?« oder »Was redest du mit ihr?«

Sie erhielten gerade Nachhilfe in der Emanzipation der Frauen.

Was ein verändertes Leben bewirken kann

Ohne sich von irgendetwas abhalten zu lassen, eilte die Sama-riterin davon, zurück in die Stadt, um den anderen von dem erstaunlichen Mann zu berichten, den sie getroffen hatte. Sie war so aufgeregt, dass sie ihren Wasserkrug, das Symbol für ihr altes Leben, zurückließ, so wie die Jünger ihre Netze verlassen hatten, um Jesus nachzufolgen. Natürlich hieß das auch, dass sie vor-hatte, zurückzukommen und nochmals mit Jesus zu reden.

Wir lesen, dass sie den Leuten sagte:»Kommt, seht einen Menschen, der mir alles gesagt hat, was ich getan habe! Dieser ist doch nicht etwa der Christus?« (V. 29). Im griechischen Text heißt es, dass sie zu den *Männern* der Stadt sprach, doch das Wort dafür wurde auch oft für Menschen im Allgemeinen ver-wendet. Damals wäre einer Frau mit ihrem Ruf der Kontakt mit anderen Frauen wohl nicht erlaubt worden, weshalb ihr Publi-kum auf die Männer der Stadt beschränkt gewesen sein mag.

Mit ihrer Aussage, sie habe jemanden gefunden, der alles über sie wusste, gestand sie ihre eigene Sündhaftigkeit ein. Die ande-ren wussten alle, was sie getan hatte, und ihre Ehrlichkeit ver-schaffte ihr Glaubwürdigkeit. Hätte sie gesagt:»Wisst ihr was? Ich habe gerade den Messias getroffen!«, hätten die anderen nur

---

12 William Barclay, *Johannesevangelium*, Bd. I, S. 168.

gelacht und sie verspottet. Doch stattdessen war sie vorsichtig und demütig.

Sie wusste, dass ihr Zeugnis fragwürdig war. Deshalb maßte sie sich nicht an, den anderen etwas beibringen zu können. Weil sie wollte, dass die anderen sich eine eigene Meinung bildeten, packte sie ihre neu entdeckte Information in eine Frage: »Dieser ist doch nicht etwa der Christus?« Nun waren auch die anderen neugierig, und sie kehrte in der Begleitung von Bewohnern der Stadt zurück, die sich selbst überzeugen wollten. Wir wissen nicht, wie viele Menschen sie begleiteten, doch selbst wenn sie nur ihre fünf Ex-Männer dabeihatte, wäre das eine ziemliche Prozession gewesen, die da zum Brunnen zog, um Jesus zu sehen.[13]

Es war dieser Frau nicht mehr wichtig, was andere jetzt über sie dachten. Sie hatte einen Mann getroffen, der ihre ganze Geschichte kannte und dennoch der Ansicht war, dass sie das lebendige Wasser und ein Leben, das den Vater durch ihre Anbetung erfreut, wert war. Und wenn sie diese Geschenke empfangen konnte, warum sollte sie die gute Nachricht nicht mit anderen teilen, selbst wenn ihr das persönliche Nachteile bringen sollte?

Jesus war mit seinen Gedanken noch ganz bei dieser Begegnung. Als die Jünger ihn drängten, er solle essen, was sie soeben gekauft hatten, lehnte er ab und sagte: »Ich habe eine Speise zu essen, die ihr nicht kennt« (V. 32). Er war so froh darüber, dass er diese Frau aus ihrem beengten Leben befreit hatte, dass er nichts zu essen brauchte. Das konnten die Jünger nicht verstehen: »Hat ihm wohl jemand zu essen gebracht?« (V. 33).

Jesus fuhr fort: »Meine Speise ist, dass ich den Willen dessen tue, der mich gesandt hat, und sein Werk vollbringe« (V. 34). Es ernährte ihn, den Durstigen Wasser zu bringen – Jesus tat einfach den Willen des Vaters. Soeben hatte er einer namenlosen Frau Hoffnung und Vergebung geschenkt. Wenn wir sie eines Tages im Himmel treffen werden, werden wir sie nach den Einzel-

---

13 Southard, *The Attitude of Jesus Toward Women*, S. 88.

heiten fragen können:»Was hast du gedacht, als du nach Sichar zurückgelaufen bist? Und was ist mit dem Mann, mit dem du zusammengelebt hast … Hast du ihn geheiratet, oder hast du ihm gesagt, dass deine Beziehung zu Jesus wichtiger war als deine Beziehung zu ihm?«

Als die Abordnung aus der Stadt bei Jesus eintraf, glaubten auch sie an ihn. Doch später sagten sie der Frau deutlich, dass das nicht an ihren Worten lag.»Wir glauben nicht mehr um deines Redens willen, denn wir selbst haben gehört und wissen, dass dieser wahrhaftig der Heiland der Welt ist« (V. 42). Wörtlich heißt es im Griechischen:»Jetzt glauben wir nicht wegen deines Geschwätzes, … sondern weil wir ihn selbst gesehen haben.« Dann luden die Bewohner der Stadt Jesus in ihre Stadt ein. Dort blieb er zwei Tage, und viele weitere kamen zum Glauben.

Warum wählte Jesus eine Frau von solch zweifelhaftem Ruf als diejenige aus, der er seine Identität offenbarte? Warum gebrauchte er sie so gewaltig, dass quasi diese ganze Stadt zum Glauben an ihn kam? Sicherlich hatte sie eine Auffassungsgabe für geistliche Dinge und eine Bereitschaft zu verstehen. Außerdem war sie dafür vorgesehen, Vergebung und Liebe zu empfangen. Menschen, denen viel vergeben wurde, sind oft die besten Evangelisten.

Doch könnte es auch sein, dass Jesus die Frau am Jakobsbrunnen dazu gebrauchte, um die Vorurteile von Männern gegenüber Frauen zu zerstören? Um zu beweisen, dass jetzt die Zeit für das Ende der Doppelmoral gekommen war? Dass Gott Freude daran hat, Frauen für die Verbreitung seiner Botschaft zu gebrauchen? Und dass seine Botschaft allen gilt – auch denen, deren Leben durch eine gescheiterte Ehe zerstört ist?

Wir sollten erwähnen, dass es im Text ausdrücklich heißt: »Aus jener Stadt aber *glaubten viele von den Samaritern an ihn um des Wortes der Frau willen*« (V. 39; Hervorhebung hinzugefügt). Auch wenn sie normalerweise eher nicht auf das»Geschwätz« einer Frau hörten, hatte Gott es von Ewigkeit so geplant, dass eine Gruppe verachteter Samariter in sein Reich kommen sollte.

Die Samariterin erinnert uns daran, dass wir keine perfekte Leistung vorweisen müssen, damit Gott uns auf mächtige Weise gebrauchen kann.

Vor vielen Jahren hielt eine junge Lehrerin in Alabama die Hand eines kleinen taubblinden Mädchens unter einen Wasserstrahl aus einer Pumpe und buchstabierte das Wort *Wasser* in seine Handfläche. Die Lehrerin hieß Anne Sullivan; die Hand gehörte der späteren bekannten US-amerikanischen Schriftstellerin Helen Keller. Als Überraschung für Miss Keller stifteten ihre ehemaligen Mitschüler Jahre später bei ihrem 50-jährigen Klassentreffen dem Radcliffe College einen Brunnen. Ehe sie das Wasser berührte, las Helen Keller eine Braille-Inschrift auf der Rückseite des Brunnens.

Zur Erinnerung an Anne Sullivan, eine außergewöhnliche Lehrerin, die ausgehend von dem Wort Wasser *dem Mädchen Helen Keller die Welt des Sehens und Hörens durch die Berührung aufschloss.*

Zweifellos kehrte auch die Samariterin oft zu dem Brunnen in Sichar zurück, an dem sie Jesus erstmals begegnet war. Wenn wir eine Gedenktafel für dieses Ereignis anbringen könnten, stünde vielleicht darauf:

Zur Erinnerung an Jesus, einen außergewöhnlichen Lehrer, der ausgehend von dem Wort Wasser *der Frau aus Samaria die ganze Welt des wahren Lebensziels und der Vergebung durch sich selbst aufschloss.*[14]

---

14 William Barker, *Personalities Around Jesus*, S. 80.

Ein Gebet

Himmlischer Vater, ich danke dir dafür, dass Jesus kam, um mir das zu schenken, was ich nicht habe: Vergebung und Reinigung, damit ich eine persönliche Beziehung zu Gott haben kann. Ich danke dir dafür, dass du alles über meine Vergangenheit weißt und mich trotzdem einlädst, dich anzubeten. Ich nehme dich, Jesus, als meinen Erretter und Herrn an. Gib mir die innerlichen Quellen, um mit den Herausforderungen des Lebens klarzukommen. Danke für die Gewissheit, dass ich mich hier auf Erden und in Ewigkeit im Himmel an deiner Gegenwart erfreuen kann. In Demut nehme ich alles an, was Jesus mir schenken will, in Glauben und Liebe. Amen.

＊

Und Jesus ging aus von dort und zog sich zurück in das Gebiet von Tyrus und Sidon; und siehe, eine kananäische Frau, die aus jenem Gebiet hergekommen war, schrie und sprach: Erbarme dich meiner, Herr, Sohn Davids! Meine Tochter ist schlimm besessen. Er aber antwortete ihr nicht ein Wort. Und seine Jünger traten herzu und baten ihn und sprachen: Entlass sie, denn sie schreit hinter uns her. Er aber antwortete und sprach: Ich bin nur zu den verlorenen Schafen des Hauses Israel gesandt. Sie aber kam und warf sich vor ihm nieder und sprach: Herr, hilf mir! Er aber antwortete und sprach: Es ist nicht schön, das Brot der Kinder zu nehmen und den Hunden hinzuwerfen. Sie aber sprach: Ja, Herr; und doch fressen die Hunde von den Brotkrumen, die von dem Tisch ihrer Herren fallen. Da antwortete Jesus und sprach zu ihr: O Frau, dein Glaube ist groß; dir geschehe, wie du willst. Und ihre Tochter war geheilt von jener Stunde an.

Matthäus 15,21-28

＊

Jesus begegnet
einer hartnäckigen Mutter

Vor mehreren Jahren kam Louise, eine liebe christliche Mutter, ganz aufgewühlt zu uns. Sie hatte große Angst um ihre kleine Tochter und suchte Trost und Hoffnung. Unter Tränen erzählte sie uns, dass ihr Mann sie und ihre beiden Kinder nach der Geburt ihrer zweiten Tochter verlassen hatte. Sie war verängstigt und mittellos und hatte kein Geld, um die Hypothek abzuzahlen oder das Nötigste zu kaufen. Schließlich zog sie in einen anderen Bundesstaat, um in der Nähe ihrer Schwester zu leben. In der Zwischenzeit ließ ihr grausamer Ehemann die Bank die Vorbereitungen für eine Zwangsvollstreckung ihres Hauses treffen. Doch zum letztmöglichen Zeitpunkt leistete er alle rückständigen Zahlungen und erhob Anspruch auf das Haus. Als alleiniger Eigentümer brachte er dann seine Freundin, mit der er zusammenlebte, und deren Kinder ins Haus. Dann reichte er die Scheidung ein und verklagte Louise auf alle Gerichtskosten.

Während die Scheidung noch anhängig war, ordnete das Gericht ein ausgedehntes Umgangsrecht an. Das bedeutete, dass der Mann die Mädchen – eine Einjährige und eine Dreizehnjährige – zu einem bestimmten Zeitpunkt abholen und mit ihnen in seinem Transporter drei Stunden zurück zu ihrem alten Haus fahren konnte. Als der Mann losfuhr, schrie das Baby unaufhörlich, und der verängstigte Teenager flehte seine Mutter an, einzuschreiten. Doch Louise konnte nichts gegen ihren Mann unternehmen.

Louises Schreie und Gebete durchdrangen die betäubende Stille, als sie Gott anflehte, ihre geliebten Kinder zu behüten. Über eine Stunde schrie sie zu Gott. Währenddessen brach die Nacht herein und Dunkelheit umgab sie. Immer wieder wurden ihr Glaube und ihr Mut auf die Probe gestellt, da sich diese Szene in den folgenden Monaten häufig wiederholte. Oft fiel sie vor Gott nieder und flehte ihn an, ihre Kinder sicher zurückzubringen. Sie verlor nie die Hoffnung. Sie hörte nie auf, Gott um

Schutz für ihre Mädchen zu bitten. Sie hörte nie auf zu glauben, dass Gott ihre Situation verändern konnte.

Als die Scheidung rechtskräftig war, verfügte ein unkluger Richter, dass der Ex-Mann ein ausgedehntes, unbeaufsichtigtes Umgangsrecht bekam. Die jüngste Tochter musste mehrere Wochen pro Jahr mit ihm und seiner Lebensgefährtin verbringen. Während dieser Aufenthalte wurde das kleine Mädchen von den Erwachsenen vernachlässigt und von den Kindern der Frau sexuell missbraucht. Louise unternahm alles in ihrer Macht Stehende, um ihre Tochter vor dieser furchtbaren Situation zu schützen. Sie meldete den Sachverhalt bei den Kinderschutzbehörden und legte Rechtsmittel ein, doch die Untersuchung zog sich über viele Monate hin.

Am Boden zerstört fragte Louise mich (Rebecca): »Wie kann ein liebender Gott zulassen, dass ein unschuldiges Kind missbraucht wird?« Ich nahm sie in den Arm und weinte mit dieser lieben Frau. Ihr Schmerz und ihre Verzweiflung waren so greifbar. Während ich um Weisheit betete, kam mir ein Vers aus dem 1. Petrusbrief in den Sinn. Ich teilte ihn Louise mit: »Daher sollen auch die, die nach dem Willen Gottes leiden, einem treuen Schöpfer ihre Seelen anbefehlen im Gutes tun« (1. Petrus 4,19). Als wir darüber sprachen, was diese Worte bedeuteten, und miteinander beteten, entspannte sich Louises Gesichtsausdruck, ihre Angst nahm ab, und Frieden erfüllte ihr Herz.

Schließlich wurde das Besuchsrecht des Vaters aufgehoben. Zur Vergeltung zahlte er keinen Unterhalt mehr, auf den Louise dringend angewiesen war. Doch sie fürchtete: Falls sie gerichtlich vorging, würde ihr Ex-Mann mit der Begründung, sie könne nicht für die Kinder sorgen, versuchen, das Sorgerecht für ihr jüngstes Kind zu bekommen.

Jesus linderte Louises Probleme nicht, doch er begleitete sie durch sie hindurch. Als alles gegen Louise war, glaubte sie fest daran, dass Gott für sie war. Glücklicherweise geht es der Tochter, die missbraucht wurde, gut, und sie ist heute ein liebenswerter Teenager, der ein Herz für Gott hat.

Wenn Sie Louise heute begegnen würden, könnten Sie feststellen, dass sie eine sehr glaubensfeste Frau ist – als Folge ihrer harten Umstände. Sie liebt Jesus aufgrund der Probleme in ihrer Vergangenheit nicht weniger; sie liebt ihn mehr. Wie bei der Frau aus Phönizien hat Louises Beharrlichkeit Jesu Herz bewegt, und er hat sich nicht taub gestellt. Bis zum heutigen Tag schreit sie im Namen ihrer Enkel, die in schwierigen Umständen leben, zu Gott. Selbst ihre unerhörten Gebete haben ihr Trost und Zuversicht gebracht.

✦✦✦

Es gibt Gelegenheiten, die vielleicht nicht wiederkommen. Die Zeit ändert die Umstände, und wir verändern uns dabei ebenfalls. Ob es um einen Heiratsantrag, ein geschäftliches Vorhaben oder eine Gelegenheit geht, die Antwort auf unsere tiefsten Sehnsüchte zu erhalten: Wir alle haben uns schon gewünscht, wir könnten die Uhr zurückdrehen.

Das traf mit Sicherheit auch auf eine verzweifelte Mutter zu, die vor zwanzig Jahrhunderten lebte. Sie ergriff die Chance, die sich ihr bot, und machte das Beste daraus. Wenn wir die Geschichte der kananäischen Mutter lesen, staunen wir über ihre bemerkenswerte Hartnäckigkeit und ihren Glauben, der unglaubliche Hindernisse überwand. Ihre Geschichte ist im Neuen Testament gut belegt.

Jesus behandelte Menschen immer mit Respekt – egal, was für ein geistliches oder körperliches Anliegen sie hatten. Behutsam stellte er Fragen, um offenzulegen, wie es in ihren Herzen aussah. Er interessierte sich ebenso sehr für ihre Motive, zu ihm zu kommen, wie für ihr Anliegen an sich. Er sprengte liebend gern die Grenzen von Rasse, Geschlecht und Tradition, um Frauen in großer Not zu helfen.

Eine seiner rätselhaftesten Begegnungen war jene mit der kananäischen Mutter, die verzweifelt nach Hilfe für ihr geplagtes Kind suchte. Zunächst klangen Jesu Worte beinahe grob und unfreundlich. Diese Geschichte musste sogar manchmal schon als Beweis dafür herhalten, dass Jesus ein Sünder wie wir alle war. Manche behaupten, dass auch Jesus schlechte Tage hatte und die Menschen in seinem Umfeld dann den Stachel seines Zorns und seines Tadels zu spüren bekamen.

Wir sind jedoch der Meinung, dass gerade *weil* diese Begegnung so untypisch für Jesus ist, wir in der Geschichte selbst eine bessere Erklärung für sein Verhalten finden müssen. Beim oberflächlichen Lesen könnte man vielleicht meinen, dass Jesus Rassist war. Doch der Schluss der Geschichte zeigt bei näherer Betrachtung, dass Jesus diese Frau, die sein Herz gewonnen hatte, segnete.

Jesus hatte Gründe für sein anfängliches Zögern, dieser Frau zu helfen, doch am Ende gab er ihr mehr, als sie hätte erbitten können. Ihr Versuch, seine Aufmerksamkeit zu erregen, wurde zurückgewiesen. Doch das erschütterte ihren Glauben nicht, und letztendlich eroberte sie mit ihrer Hartnäckigkeit und ihrem Glauben sein Herz.

Der geografische Rahmen für diese Geschichte ist bemerkenswert. Kurz zuvor hatte Jesus nicht weit vom Ufer des Sees Genezareth entfernt mit wenigen Brotlaiben und Fischen fünftausend Menschen satt gemacht. In jener Nacht erlebten seine Jünger einen Sturm auf dem See, und er ging über das Wasser zu ihnen. Später kam eine Abordnung der Pharisäer aus Jerusalem und befragte ihn über seine Lehre und seine Motive. Er wusste, dass heimlich geplant wurde, ihn umzubringen.

Dann lesen wir: »Und Jesus ging aus von dort und zog sich zurück in das Gebiet von Tyrus und Sidon« (Matthäus 15,21). Diese Städte liegen im Nordwesten, an der Mittelmeerküste (noch heute existieren sie im Libanon). Der Fußmarsch aus Galiläa durch eine felsige Landschaft dauerte mehrere Tage. Für eine Gruppe jüdischer Männer war es sehr ungewöhnlich, sich in ein Gebiet zu begeben, in dem Heiden lebten.

Es heißt, dass Jesus sich in dieses Gebiet zurückzog, wahrscheinlich als Ruhepause und weil er den Jüngern helfen wollte, die Neuigkeit seines bevorstehenden Todes zu verarbeiten. Doch es gab noch einen weiteren Grund, weshalb er eine so weite Strecke zurücklegte – er wusste, dass es weit entfernt eine Frau in großer Not gab. Sie konnte nicht zu ihm kommen; er musste zu ihr gehen. Es wird nicht erwähnt, dass Jesus in diesem bestimmten Teil des Landes noch eine weitere Begegnung oder irgendetwas zu erledigen hatte. Dass er einen solch großen Umweg machte, zeigt, dass dieses Treffen eine weitere göttliche Verabredung gewesen sein muss. Jesus unternahm eine besondere Reise, um einer ganz bestimmten Mutter und ihrem Kind Hoffnung und Heilung zu bringen.

Einen weiteren Beleg dafür, dass diese Frau der Grund für seine Reise war, finden wir nach dem Wunder: »Und Jesus ging von dort weg und kam an den See von Galiläa« (V. 29). Natürlich wissen wir nicht, wie lange Jesus und seine Jünger sich dort aufhielten, aber wir haben den Eindruck, dass sie umgehend in das Gebiet zurückkehrten, in dem sie sonst tätig waren. Der Sohn Gottes unternahm eine zeitraubende und beschwerliche Reise für nur eine Frau und ihre Tochter!

Auch heute kommt Jesus zu uns. Er muss nicht in geografischem Sinn reisen, da er das Universum mit seinem Geist erfüllt. Er kommt zu uns in unserer großen Not, unserer Verzweiflung und unseren Tränen. Er wird unser Freund und unser Gefährte auf der gefährlichen Reise des Lebens. Er kann mit uns eine göttliche Verabredung treffen, so wie mit der Frau in dieser Erzählung.

Diese Geschichte ist ein schönes Bild von Liebe und Mitgefühl. Jesus wusste alles über diese Frau und ihr schwieriges Leben. Er begab sich in ihre Nähe. Sie hätte diese Entfernung niemals mit einem kranken Kind zurücklegen können, um ihn zu erreichen. Aufgrund von religiösen, gesellschaftlichen und ethnischen Grenzen wäre es ihr vielmehr unmöglich gewesen, überhaupt in jenes Gebiet zu gelangen, in dem sich der Großteil von Jesu Wirken abspielte.

Irgendwie musste sich in ihrer Umgebung herumgesprochen haben, dass Jesus in der Nähe war. Diese Mutter wusste, dass das ihre einzige Chance war, zu prüfen, was sie über seine Wunder gehört hatte. Sie wusste, dass sie ihn aufsuchen musste, damit er ihr Kind heilte. Der Gnadenstrom floss in ihre Richtung, und sie machte sich das zunutze.

Wir sind überrascht davon, wie viel sie über Jesus und geistliche Dinge wusste. Sie nannte Jesus »Sohn Davids«, was die Anrede für den Messias war. Woher konnte sie das wissen? Sie lebte in einer kananäischen Kultur, die den Juden und deren Heiliger Schrift feindlich gesinnt war. Doch sie hatte Aussagen gehört, nach denen Jesus der Messias sein sollte. Angesichts solcher Referenzen glaubte sie, dass dieser Mann das Wunder tun konnte, das ihre Tochter brauchte.

Sie erklärte, dass ihre Tochter von einem bösen Geist besessen war. Wir dürfen diese Erwähnungen satanischer Einflüsse nicht als Überbleibsel einer abergläubischen Zeit, in der es noch keine moderne Psychiatrie gab, abschreiben. Im ersten Kapitel haben wir gelesen, wie Jesus sieben Geister von Maria Magdalene austrieb.

Doch warum sollte dieses kananäische Kind böse Geister haben? Vielleicht gab es Okkultismus in der Familie; vielleicht hatte jemand dieses Kind verflucht; wahrscheinlicher ist es, dass der Götzendienst der Kanaaniter seinen Anbetern böse Geister einbrachte. Wir wissen es nicht genau.

Diese namenlose Frau war vielleicht eine alleinerziehende Mutter auf der Suche nach Hilfe für ihr verzweifeltes Kind. Sie scheute keine Mühe, um zu Jesus zu gelangen. Dabei überwand sie die natürliche Zurückhaltung, die Frauen in ihrer Gesellschaft üblicherweise hatten. Am Ende verlieh Jesus ihr die »Plakette des großen Glaubens«.

Damit wir nachvollziehen können, welch enorme Hürden dieser Mutter im Weg standen, sehen wir uns einmal die Hindernisse näher an, die sie überwinden musste, um zu Jesus zu gelangen.

Männer schenkten Frauen in der Öffentlichkeit keinerlei Beachtung; die Anliegen von Frauen wurden auch nicht als so wichtig erachtet, dass sie eine ernsthafte Reaktion der Männer verdient hätten.

Das erste Hindernis stellte ihre Stellung dar. Aus uns unbekannten Gründen kam diese Mutter allein zu Jesus. Vielleicht war ihr Mann tot oder hatte mit der Familie nichts mehr zu tun. Andererseits hatte sie vielleicht befürchtet, ihr Mann könnte sie auslachen, wenn sie ihm von ihrer Idee erzählen würde. Schlimmstenfalls hätte er ihr verboten, zu Jesus zu gehen. Sie gab ihr Bestes in einer von Männern beherrschten Welt. An wen sollte sie sich sonst wenden? Vielleicht hatte sie ihre Tochter bereits zu Ärzten oder zu den Priestern im Tempel gebracht. Falls dies der Fall war, hatten diese Männer ihr offensichtlich nicht helfen können.

Falls Sie eine alleinerziehende Mutter sind, betrachten Sie diese Frau als Ihre Schwester. Ihr Beispiel fordert Sie auf, sich Hilfe von außen zu suchen. Alleinerziehende Mütter fühlen sich manchmal allein und wissen nicht, an wen sie sich mit familiären Problemen wenden sollen. Die erste Quelle für Hilfe und Trost ist immer Gott, dann enge Freunde oder ein Pastor und schließlich soziale und medizinische Einrichtungen vor Ort. Wenn Ihnen Ihre Lage hoffnungslos erscheint, sollten Sie es mit Jesus versuchen.

Auch die Rasse stellte ein Hindernis dar. Diese Mutter war Kanaaniterin, eine Angehörige einer solch verkommenen Rasse, dass Gott Josua, dem Befehlshaber der israelitischen Streitkräfte, bei der Eroberung Kanaans den Befehl gegeben hatte, sie auszulöschen. Die moderne Archäologie hilft uns, diesen so weitreichenden Befehl zu verstehen. Die Kanaaniter hatten eine unglaubliche Grausamkeit und sexuelle Perversion entwickelt, wie man sie selbst in unserem eigenen von Sex besessenen Zeitalter nur am äußersten Rand findet. Doch nicht alle Kanaaniter kamen um; viele überlebten in verschiedenen Landesteilen und lebten so gut sie konnten als verachtete Minderheit.

An vielen Stellen des Alten Testaments wird berichtet, dass die übrig gebliebenen Kanaaniter eine Quelle des Bösen und der Versuchung für die Israeliten waren. Es gab sogar Zeiten, in denen sich das Volk Israel von Gott abwandte und den kanaanitischen Gott Baal verehrte. Das war ein schweres Vergehen gegen Gott, für das er die Israeliten hart bestrafte. Wir können daher verstehen, warum die Juden die Kanaaniter »Hunde« nannten. Dieser Ausdruck des Spotts wird in unserer modernen Gesellschaft, in der Hunde in Ehren gehalten werden, nicht verstanden. Im Nahen Osten waren viele Hunde jedoch dürre und kranke Aasfresser, die man jagte und tötete. Jemanden einen »Hund« zu nennen, brachte die höchste Verachtung für diesen Menschen zum Ausdruck.

Doch bedenken Sie einmal, dass Gott mit dem jüdischen Volk einen Bund geschlossen hatte, indem er ihm zusagte, dass der Messias aus ihm kommen würde. Gleichzeitig sollten die Juden den Segen, den sie empfingen, an die Heiden weitergeben. Denn Gott hatte zu Abraham gesagt: »In dir sollen gesegnet werden alle Geschlechter der Erde!« (1. Mose 12,3).

Die Juden sollten diese unverdienten Segnungen annehmen und die Heiden zum Glauben an Gott einladen. Doch die Juden dachten, Gott habe sie ausgewählt, weil sie besser seien als andere, und horteten deshalb die Segnungen für sich. Mit wenigen Ausnahmen waren sie der Meinung, andere hätten Gottes Fürsorge nicht verdient. Die Rasse stellte ein gewaltiges Hindernis zwischen ihnen und den Heiden dar.

Diese Frau überwand dieses Hindernis, ohne von jüdischer Seite dazu aufgefordert worden zu sein. Sie hätte sich sagen können:»Lieber habe ich ein krankes Kind, als mich deren Verachtung und Hass auszusetzen.« Doch diese Mutter ließ sich nicht von der Kluft einschüchtern, die sie von Gottes erwähltem, aber hartherzigem Volk trennte. **Das dritte Hindernis war ihre Religion.** Baalbek, unweit von Tyrus und Sidon, war das Zentrum des kanaanitischen Götzendienstes. Noch heute können Touristen die Statue des Gottes Baal besichtigen. Sie ist umgeben von Tempelruinen, deren Pfeiler in den strahlend blauen Himmel ragen. Die Religion war der Kern des kanaanitischen Lebens. Die Kanaaniter praktizierten etwas namens »sympathischer Anbetung« – sie glaubten, ihrem Gott am besten zu dienen, indem sie seine Handlungen nachahmten. Da Baal für einen Gott gehalten wurde, der allerlei Unmoralisches trieb, artete seine Verehrung häufig in Sexorgien und Ausschweifungen aller Art aus.

Diese Frau und ihre Vorfahren wurden seit Jahrhunderten von diesem heidnischen Kult beherrscht. Doch für wie mächtig man ihn auch hielt: Baal konnte keine bösen Geister austreiben. Von einem Gott aus Stein konnte diese Mutter keine Hilfe erwarten. Letztendlich war Baal der Inbegriff der Verehrung böser Geister – seine Religion war anderen Gottheiten nicht freundlich gesinnt. Es ist verständlich, dass die Kanaaniterin vielleicht Vergeltung dafür fürchtete, dass sie sich außerhalb ihrer Religion nach Hilfe umsah. Sie hätte sich sagen können: »Ich bin als Baal-Verehrerin geboren worden; ich werde als Baal-Verehrerin sterben.« Doch zum Glück war sie bereit, die Hilfe eines jüdischen Messias anzunehmen, der einen anderen Gott verkörperte. Diese Frau war demütig genug, um religiöse Grenzen zu überwinden und beim Gott ihrer jüdischen Feinde um Hilfe zu bitten. Ihr Beispiel erinnert uns daran, dass wir manchmal aus unseren religiösen Traditionen ausbrechen müssen, um zu Jesus zu gelangen. Als Christen begehen wir oft dieselbe Sünde – unsere Traditionen dessen, »was man tun und nicht tun sollte«, können Menschen im Weg stehen, die zu Jesus kommen wollen. Manchmal fällt es uns schwer, unsere eigene religiöse Subkultur von der Wahrheit über Jesus zu unterscheiden.

Diese Frau musste noch ein weiteres Hindernis überwinden: Jesus und seine Jünger. Als Jesus in dieser Stadt ankam, suchte er Zuflucht in einem Haus und wollte niemanden wissen lassen, dass er dort war. Vielleicht hätte sich Widerstand gegen seine Anwesenheit geregt, oder vielleicht hätte sich eine Menschenmenge versammelt und um Heilung gebeten. Der Duft seines Lebens hatte jedenfalls diese Frau erreicht, der niemand sonst helfen konnte. »Wie man Parfüm erkennt, so kann sich auch der nicht verbergen, dessen Name Parfüm ist.«[15] Wir lesen, als diese verzweifelte Frau auftauchte und um Hilfe flehte: »Er aber antwortete ihr nicht ein Wort« (Matthäus 15,23). Er hätte ihr Kind auf der Stelle heilen können, doch zuerst wollte er sie auf die Probe stellen. Jesus wollte den tief in ihrem Herzen verborgenen Mut und Glauben zum Vorschein bringen. Ihr Glaube war ihm eigentlich viel wichtiger als die Heilung, die gleich stattfinden würde. Würde sie der Angst, dem religiösen Aberglauben oder der Unfreundlichkeit seiner Jünger erliegen? Oder Jesu späteren scharfen Worten?

Wenn Gott schweigt

Was sollen wir tun, wenn Gott schweigt? Von dieser Frau lernen wir, dass wir weiterhin anbeten, fragen und glauben müssen. Auch in unserem Schmerz, unserer Verwirrung, unseren Zweifeln und unserer Angst können wir mit einer demütigen Herzenshaltung zu ihm kommen. Gott hört uns. Er stellt uns auf die Probe, um zu sehen, wie es in unserem Herzen aussieht. Er möchte, dass wir unsere Not in Worte fassen und bereit sind, zu tun, was auch immer er von uns verlangt, *bevor* er unser Bedürfnis erfüllt. Wir sollten niemals glauben, dass Gottes Schweigen bedeutet, dass ihm unsere Not gleichgültig ist.

---

15 *The MacArthur New Testament Commentary*, Matthew 8-15 (Chicago: Moody Press, 1987), S. 467.

Diese kananäische Mutter ließ sich von Jesu Schweigen nicht abschrecken. Sie schrie umso mehr. Inzwischen hatten die Jünger bemerkt, dass Jesus nicht reagierte. Wenn der Meister nicht mit ihr sprechen wollte, sollte sie zum Schweigen gebracht werden. »Entlass sie, denn sie schreit hinter uns her« (V. 23). Es ärgerte die Jünger, dass eine unreine, ausländische Frau ständig jammerte und darauf bestand, dass ihr Meister sie beachtete und ihren Wunsch erfüllte. Doch diese Mutter war fest entschlossen, Jesus um jeden Preis auf sich aufmerksam zu machen.

Dann nannte Jesus einen Grund für sein Schweigen: »Ich bin nur zu den verlorenen Schafen des Hauses Israel gesandt« (V. 24). Das stimmte natürlich: Jesus kam zu den Juden seiner Zeit und lud sie ein, an ihn als den Messias zu glauben. Als die Jünger zu zweit ausgesandt wurden, wurde ihnen explizit verboten, Israel zu verlassen (Matthäus 10,5-6). Doch beabsichtigt war, dass die Juden selbst die Botschaft vom Reich Gottes annehmen und dann Missionare über ihre Grenzen hinaus sein sollten. Selbstverständlich war es letztlich Jesu Aufgabe, die ganze Welt mit seinem Erlösungs-Angebot zu erreichen. Er betonte immer wieder, dass sein Tod und seine Auferstehung für Menschen aller Völker und Stämme galten.

Wir hätten erwartet, dass diese Frau nun tief enttäuscht weggeht. Jesus, den sie für den Messias hielt, schien einer Meinung mit den Juden seiner Zeit zu sein und weigerte sich, jene zu segnen, die nicht zum erwählten Volk gehörten. Doch diese mutige Frau ließ nicht locker. Demütig kniete sie vor ihm nieder und rief nur drei Worte: »*Herr, hilf mir!*«

Wenn Jesus der Messias war, war er auch der Herr. Die Kanaaniterin war theologisch scharfsinniger als manche seiner Nachfolger! Diese Frau ohne Tempel, ohne Opfer und ohne Heilige Schrift hatte von Jesus gehört und geglaubt, was ihr gesagt wurde. Ihre verzweifelte Entschlossenheit rührte von der festen Überzeugung her, dass der Mann vor ihr in der Lage war, ihre Tochter zu heilen. Sie würde diesen Moment nicht verstreichen lassen – egal, wie unangenehm das Gespräch werden sollte.

Jesus ermutigte sie nicht, sondern gab ihr stattdessen diese äußerst erstaunliche Antwort: »Es ist nicht schön, das Brot der Kinder zu nehmen und den Hunden hinzuwerfen« (V. 26). Er wusste, was sie wollte, wies sie aber ab. Damit sagte er, dass die Juden Gottes Kinder und die Heiden Hunde waren. Mit welchem Recht bat sie also um einen besonderen Segen? So barsch es klingt, wissen wir doch, dass Jesus nichts tut, was lieblos ist oder nicht einem göttlichen Zweck dient.

Vielleicht war sie von der Tatsache ermutigt, dass Jesus nicht das übliche Wort für *Hunde* verwendete, das die räudigen Aasfresser dieser Zeit bezeichnete. Das von Jesus gewählte Wort könnte man mit *Welpen* übersetzen, was oft ein Verweis auf Haustiere war. Zweifellos wollte Jesus sogar dann, als er sich taub stellte, ihr gegenüber Barmherzigkeit erweisen.

Noch immer war sie nicht beleidigt und ging auch nicht mit den Worten »Wenn du so über mich denkst, verschwinde ich« fort. Bedenken Sie, wie weit sie gekommen war: Sie hatte sein Schweigen ausgehalten und seine Ablehnung ertragen: »Ich bin nur zu den verlorenen Schafen des Hauses Israel gesandt« (V. 24). Jetzt musste sie damit klarkommen, als *Hund*, oder zumindest als *Welpe* beschimpft zu werden. Heute fühlen wir uns schnell von jedem beleidigt, der anderer Meinung ist, selbst wenn er diese höflich formuliert. Doch diese Frau ließ sich nicht von etwas aufhalten, was man als Beleidigung interpretieren könnte. Sie verlor ihr Ziel nicht aus den Augen. Sie war nicht fordernd, aber beharrlich, als sie sich in Jesu Gegenwart demütigte.

Mutig blieb sie dran, indem sie ihm zustimmte und dann demütig sagte: »Ja, Herr; und doch fressen die Hunde von den Brotkrumen, die von dem Tisch ihrer Herren fallen« (V. 27). Sie verteidigte ihre Bitte mit dem Argument, dass sie zwar nicht am selben Tisch sitzen konnte wie die Juden, es aber zumindest verdient hatte, ein Welpe unter dem Tisch zu sein. Sie stellte nicht infrage, warum das so war – sie zeigte keine Spur der Verbitterung über die Ungerechtigkeit des Lebens.

Damit sagte sie eigentlich: »Ich bitte um keine Mahlzeit, ich bitte nur um ein paar Krümel.« Sie wollte nicht das, was die Kinder *essen* sollten, nur das, was sie wegwerfen *würden*. Sie wollte ihnen nichts wegnehmen; die Kinder müssen auf jeden Fall gut ernährt werden. Sie würde sich mit den Krümeln zufriedengeben, die vom Tisch fielen – ein winziger Rest von Jesu großer Macht.

Jesus konnte sich nicht länger zurückhalten. »O Frau, dein Glaube ist groß; dir geschehe, wie du willst. Und ihre Tochter war geheilt von jener Stunde an« (V. 28).

Martin Luther sagte: »[Sie] fängt also den Herrn Christus mit seinen eigenen Worten.«[16] Jemand anders hat einmal gesagt, dass ihr Glaube die Mauern des Himmels erklomm und Gottes Herz berührte. Sie erhielt mehr als die Krümel, um die sie gebeten hatte. Durch ihre Beharrlichkeit bekam sie den ganzen Laib. »Der Herr der Herrlichkeit kapitulierte vor dem Glauben einer Frau« (so C. H. Spurgeon).[17]

Die Blume des Glaubens

Auch wenn diese Blume des Glaubens in der Wüste gepflanzt wurde, entwickelte sie für Gott doch einen süßen Duft. Diese Frau beweist, dass der wahre Glaube nicht auf jene beschränkt ist, die mitten im Segen stehen. Den Beharrlichen schenkt Gott, was er ihnen ihrer Meinung nach versprochen hat. Nur zwei Menschen werden im Matthäus-Evangelium für ihren *großen* Glauben gelobt. Beide waren Heiden: der Hauptmann in Kapernaum (Matthäus 8,10) und die Frau in dieser Geschichte.

An welchem Punkt hätten Sie oder ich aufgegeben, hätten wir uns zurückgezogen, um allein zu weinen, oder hätten wir an einer anderen trügerischen Stelle Hilfe gesucht?

---

16 http://bitflow.dyndns.org/german/MartinLuther/Matthaeus_15_21_28.html (abgerufen am 10. 05. 2011).
17 *The MacArthur New Testament Commentary*, Matthew 8-15, S. 474.

Wir können hier viel an Beharrlichkeit lernen. Wir müssen immer wieder zu Jesus kommen, um Antworten auf die Probleme in unserem Leben zu finden. Wir müssen glauben, dass er die Macht hat, verhärtete Herzen zu verändern, kaputte Beziehungen zu heilen, verlorene Reinheit wiederherzustellen, Hoffnung in eine hoffnungslose Lage zu bringen. Jesu Liebe zu den Frauen hat sich nicht verändert. Er sucht die Verzweifelten – diejenigen, die sich an keinen anderen wenden können. Wir müssen uns dafür entscheiden, uns nicht von seinem Schweigen entmutigen zu lassen – oder davon, dass wir uns wertlos und schuldig fühlen oder von anderen falsch verstanden werden.

Vielleicht sollten auch die Jünger etwas dabei lernen. Wieder einmal bezog Jesus eine verachtete Frau in seinen Dienst mit ein. Und was zunächst wie ein Ausleben von Vorurteilen wirkte, wurde zu einem Beispiel dafür, wie Heiden in seine Familie des Glaubens aufgenommen werden sollen. Die Jünger hofften, er würde die jüdischen Menschenmengen heilen und den Großteil seiner Zeit mit ihnen verbringen. Diese vertraulichen Begegnungen abseits vom Wege mit verletzten, hilfsbedürftigen Frauen machten sie nervös.

Doch so ist Jesus. Er geht überallhin, um die Verzweifelten zu finden. Er begibt sich an merkwürdige Orte, um die Frauen zu finden, die aufgrund von Hindernissen durch gesellschaftliche Umstände, Sünde, Religion oder Rasse nicht zu ihm kommen können. Jeder, der mit einem leeren Herzen zu ihm kommt, kann mit einem vollen Herzen weitergehen. Andere kommen mit einer engen, gesetzlichen Einstellung zu Jesus. Doch »sie kommt mit leeren Händen und ohne Verdienste, aber offen zu Jesus. Und sie wird belohnt, als er die Mauer zwischen Juden und Heiden abreißt und ihre Bitte für ihre Tochter erfüllt.«[18]

---

18 Bonnie Thurston, *Women in the New Testament* (New York: The Crossroad Publishing Co., 1998), S. 73.

Wohin geht Jesus heute? Aufgrund der Pläne und der Führungsstärke einer Frau aus unserer Gemeinde wurde mitten in einem der berüchtigtsten Viertel Chicagos eine Arbeit namens *Kid's Club* begonnen. Dank engagierter Mitarbeiter und Hunderten von Freiwilligen verwandelte sich dieser Stadtbezirk. Das Programm ist ganzheitlich ausgerichtet und erfüllt die Bedürfnisse der Kinder auf allen Ebenen: körperlich, geistig und geistlich. Kinder entdecken Hoffnung in Christus, der durch den Einsatz und die Opfer seiner Gemeinde zu ihnen kommt.

Auf einer Berlin-Reise besuchten wir die Kaiser-Wilhelm-Gedächtnis-Kirche, aus der man ein Kriegsdenkmal gemacht hat. Bei der Instandsetzung der zerbombten Kirche stellte sich heraus, dass die Christusstatue schwer beschädigt war. Als die Handwerker mit der Restauration begannen, war ein Arm nicht aufzufinden. Deshalb steht die Statue heute mit einem fehlenden Arm am Altar als Zeichen dafür, dass wir die Arme Christi sind. Ja, Jesus geht durch seine Nachfolger in die ärmsten Gebiete der Welt. Er gebraucht unsere Hände, Füße, Arme und Schultern, um seine Arbeit fortzusetzen.

Und wenn wir so verzweifelt beten wie diese Mutter, wird Gott uns hören.

In John Bunyans *Pilgerreise zur seligen Ewigkeit* wird bildhaft dargestellt, wie Christin (die Frau des Helden), Barmherzig (eine junge Pilgerin) und die Kinder an der Engen Pforte anklopfen. Sie klopfen und klopfen, doch niemand antwortet ihnen. Währenddessen beginnt ein wilder Hund zu bellen – was den Frauen und Kindern Angst einjagt. Sie haben Angst, dass der Hund sie angreift, wenn sie noch weiter klopfen. Wenn sie sich aber abwenden, könnte der Türhüter beleidigt sein. Sie beschließen, noch einmal zu klopfen, und zwar besonders heftig. Schließlich hören sie die Stimme des Türhüters: »Wer ist da?«, und der Hund hört auf zu bellen.

Manchmal entmutigen uns Gottes Schweigen und die Hindernisse, die unser Vertrauen in seine Zusagen untergraben. Die bellenden Hunde sollten nicht unseren Glauben erschüttern, sondern uns umso entschlossener machen, Gottes Nähe zu suchen. »Es ist das Werk des Glaubens, wenn man in den heftigsten Schlägen Gottes seine freundliche Liebe erkennen kann.«[19] Auf der Grundlage dessen, was wir von dieser beharrlichen Mutter gelernt haben, werden die folgenden Punkte auch Ihnen helfen, sich mit Ihren Bitten an Jesus zu wenden:

1. Kommen Sie demütig zu ihm und erkennen Sie an, wer er ist.
2. Bitten Sie ihn kühn um seine Barmherzigkeit und Hilfe für ein konkretes Anliegen.
3. Nehmen Sie seine Zurückweisung friedlich an.
4. Bringen Sie Ihr Anliegen beharrlich immer wieder vor.
5. Glauben Sie treu daran, dass er Ihre Bitte erfüllen wird.

Gottes Schweigen sollte nie als Gleichgültigkeit aufgefasst werden. Jesus steht bereit, um den Verzweifelten und Beharrlichen zu helfen.

Ein Gebet

Vater, pflanze in mich den Glauben dieser Frau, die beharrliche Zuversicht, dass du mir auftust, wenn ich anklopfe, und dass ich finde, wenn ich suche. Hilf mir, nicht verzweifelt aufzugeben, wenn ich entmutigt bin, sondern weiterzumachen, damit ich den Segen und die Wunder empfange, die du mir bereiten willst. Lehre mich innerliche Demut und geistige Entschlossenheit, damit ich glaube, dass es die größte Freude und Belohnung des Lebens ist, dir zu folgen. In Jesu Namen, Amen.

---

19 Warren Wiersbe, *The Bible Exposition Commentary*, Bd. 1 (Wheaton: Victor Books, 1989), S. 54.

Es bat ihn aber einer der Pharisäer, mit ihm zu essen; und er ging in das Haus des Pharisäers und legte sich zu Tisch. Und siehe, eine Frau, die in der Stadt war, eine Sünderin, erfuhr, dass er in dem Haus des Pharisäers zu Tisch liege, und brachte ein Alabasterfläschchen mit Salböl, und hinten zu seinen Füßen stehend und weinend, fing sie an, seine Füße mit Tränen zu benetzen; und sie trocknete sie mit den Haaren ihres Hauptes und küsste seine Füße und salbte sie mit dem Salböl. Als aber der Pharisäer es sah, der ihn geladen hatte, sprach er bei sich selbst und sagte: Wenn dieser ein Prophet wäre, so würde er erkennen, wer und was für eine Frau es ist, die ihn anrührt; denn sie ist eine Sünderin. Und Jesus antwortete und sprach zu ihm: Simon, ich habe dir etwas zu sagen. Er aber spricht: Lehrer, rede. – Ein gewisser Gläubiger hatte zwei Schuldner; der eine schuldete fünfhundert Denare, der andere aber fünfzig; da sie aber nichts hatten, um zu bezahlen, schenkte er es beiden. Wer nun von ihnen wird ihn am meisten lieben? Simon aber antwortete und sprach: Ich meine, der, dem er das meiste geschenkt hat. Er aber sprach zu ihm: Du hast recht geurteilt. Und sich zu der Frau wendend, sprach er zu Simon: Siehst du diese Frau? Ich bin in dein Haus gekommen; du hast mir kein Wasser auf meine Füße gegeben, diese aber hat meine Füße mit Tränen benetzt und mit ihren Haaren getrocknet. Du hast mir keinen Kuss gegeben; diese aber hat, seitdem ich hereingekommen bin, nicht aufgehört, meine Füße zu küssen. Du hast mein Haupt nicht mit Öl gesalbt; diese aber hat meine Füße mit Salböl gesalbt. Deswegen sage ich dir: Ihre vielen Sünden sind vergeben, denn sie hat viel geliebt; wem aber wenig vergeben wird, der liebt wenig. Er aber sprach zu ihr: Deine Sünden sind vergeben. Und die mit zu Tisch lagen, fingen an, bei sich selbst zu sagen: Wer ist dieser, der auch Sünden vergibt? Er sprach aber zu der Frau: Dein Glaube hat dich gerettet; geh hin in Frieden.

Lukas 7,36-50

Jesus begegnet
einer Prostituierten

Es gibt viele verschiedene Gründe, weshalb Frauen Prostituierte werden. Manche halten die Prostitution für den einfachsten Weg zum Überleben, weil sie glauben, sie hätten kaum andere Möglichkeiten. Bei anderen handelt es sich um eine ganz bewusste Entscheidung.

Dies wurde uns klar, als wir eine Frau kennenlernten, die wir hier Jamie nennen. Sie war von einer wohlhabenden Familie adoptiert worden, in der sie in jungen Jahren sexuell missbraucht wurde. Obwohl sie im College psychologisch betreut wurde, blieben die Erinnerungen an das Geschehene haften. Nachdem sie ihr Studium mit Auszeichnung bestanden hatte, weigerte sich Jamie, nach Hause zurückzukehren, da sie fürchtete, der Missbrauch würde sich fortsetzen. Sie brach alle Verbindungen zu ihrer Familie ab und begann, verschiedene Städte zu bereisen und in Nachtklubs zu tanzen.

Einsam und unsicher suchte Jamie bei Männern nach Liebe und Schutz. Dabei erkannte sie nicht, dass für diese Männer Liebe *gleich* Sex war. Und der Schutz hielt gewöhnlich bestenfalls eine Nacht an.

Während sie »im Geschäft« war, wie sie es nennt, freundete sich Jamie mit einem Mann an, der die Sittenpolizei der Stadt leitete. Im Tausch gegen sexuelle Gefälligkeiten sicherte er ihr zu, dass sie nicht verhaftet werden würde. Statt auf der Straße unterwegs zu sein, bot sie nun ihre Dienste in exklusiven Hotels an.

Durch Gottes Vorsehung begegnete Jamie einer Frau, die gläubig geworden war. Gemeinsam kamen sie zur Moody-Gemeinde, und Erwin gab Jamie eine Kassette zum Thema »Heilung von sexueller Gebundenheit«. Sie hörte sich die Botschaft mehrmals an und schrie zu Gott, doch sie fand noch nicht die Kraft, um aus ihrem Beruf auszusteigen. Sie hatte Angst, ihre

Lebensweise aufzugeben, da sie glaubte, sie wäre unfähig, in der »normalen Welt« zu überleben.

Von Chicago zog Jamie in ein Bordell in Nevada, wo Prostitution legal war. Obwohl sie ihr Verhalten in Gedanken rechtfertigen konnte, sagte ihr Herz ihr etwas ganz anderes. Sie fühlte sich erniedrigt, einsam und traurig. Doch noch immer konnte sie sich nicht überwinden, aus ihrem Beruf auszusteigen.

Schließlich gelangte sie eines Tages an den Punkt, an dem sie einfach nicht mehr konnte. Verzweifelt sank Jamie auf den Boden nieder und betete laut: »Gott, gib mir die Kraft, mein Leben zu ändern … *mach es mir unmöglich, das weiterhin zu tun.*«

Gott hörte ihr verzweifeltes Gebet und erhörte Jamie. Obwohl sie sich schon vorher bekehrt hatte, *wusste* Jamie nun endlich, dass Christus sie errettet hatte und dass sie ein Kind Gottes war. Einige Monate darauf ließ sie sich in der Moody-Gemeinde taufen, und heute geht sie einer ehrlichen, sittsamen Arbeit nach. Gott hat sie moralisch rein gehalten, und dank Jesus hat sie eine glänzende Zukunft.

Wenn Sie Jamie fragen, warum sie es geschafft hat, nicht zur Unmoral zurückzukehren, wird sie Ihnen sagen, dass es an Gottes Wort liegt. Sie liest täglich in der Bibel und versteht, was sie liest. Außerdem holt sie sich weisen Rat ein, wenn sie Entscheidungen trifft. Sie ist davon überzeugt, dass sie ohne Jesus heute nicht mehr am Leben wäre.

Jamie sagt, dass derselbe Jesus, der vor zweitausend Jahren voller Liebe und Mitgefühl mit der Prostituierten sprach, auch heute solchen Frauen dieselben Worte der Vergebung zuspricht.

❧

Wir alle kennen Geschichten von Menschen, die von religiösen, richtenden Personen eher verletzt wurden, als dass ihnen geholfen worden wäre. Doch Jesus hatte die Angewohnheit, den Spieß umzudrehen, indem er die religiösen Menschen vernichtend kritisierte und den Gestrauchelten Barmherzigkeit erwies. Er schenkte jenen Menschen Vergebung, die sie suchten, und wies jene scharf zurecht, die glaubten, sie hätten solche Geschenke von Gott nicht nötig. Gnade für die Bedürftigen und Tadel für die Selbstgerechten – das war typisch für Jesus.

An keiner anderen Stelle bricht Jesus so offensichtlich mit der Tradition wie in der Geschichte von einer Prostituierten, die im Haus eines Heuchlers Heilung erlangte. Jesus nahm diese Frau freundlich auf, obwohl jeder andere der Anwesenden sie verachtete. Jesus brachte ihr mehr Verständnis entgegen als den Zuschauern, die sich wünschten, er würde die Frau verdammen.

Frauen leiden stark unter dem Schmerz, den die Unmoral mit sich bringt. Manche glauben falschen Versprechungen. Manche werden gegen ihren Willen zur Unmoral gezwungen. Manche verraten ihr eigenes Herz. Manche wollen nur geliebt werden. Jesus war dafür bekannt, dass er die Menschen zu erreichen versuchte, die ihn am dringendsten brauchten. Er gab dieser Frau eine neue Identität und inneren Frieden. Dies sollte eine Ermutigung für all jene sein, die von ihrer sexuellen Vergangenheit geplagt werden.

Der Pharisäer Simon richtete ein Festmahl für Jesus aus, weil er sich diesen Wundertäter selbst einmal näher ansehen wollte. Von oben herab lud er Jesus zum Abendessen in seinem Haus ein. Wie es der Sitte entsprach, waren nur Männer eingeladen. Doch damals durften nicht eingeladene Gäste an den Wänden des Raumes stehen, um der theologischen Diskussion zuzuhören, die nach dem Essen geführt wurde. Offensichtlich wurde dieses Festmahl groß angekündigt, und vielleicht kamen mehrere solcher Gäste vorbei. Dass sich eine Frau selbst einlud, war an sich schon ungehörig – dass es ein Straßenmädchen war, machte die Sache gesellschaftlich untragbar.

Die Gäste setzten sich an einen niedrigen Tisch, der meist nur etwa 30 Zentimeter hoch war. Jeder Gast lag zu Tisch, lehnte sich nach links und stützte sich auf seinem linken Arm auf, sodass er die rechte Hand zum Essen frei hatte. Wir haben Grund zu der Annahme, dass der Ehrengast Jesus, wie es üblich war, einen Ehrenplatz erhielt.

Es heißt, die unwillkommene Frau sei eine Sünderin gewesen. Da alle Menschen Sünder sind, ist klar, dass uns der Verfasser Lukas mitteilen will, dass diese Frau eine besondere Sünderin war, nämlich eine unsittliche Frau. Ziemlich sicher war sie eine Prostituierte – eine Frau, von der bekannt war, dass sie zahllose sexuelle Beziehungen gehabt hatte.

Es gibt Gründe dafür, dass Frauen in diese Lebensweise hineingeraten. Frauen, die missbraucht oder sexuell belästigt wurden, empfinden häufig Scham und haben das Gefühl, sie hätten die Liebe und Annahme durch einen treuen Ehemann nicht verdient. In den Armen eines Mannes, der sie nur für seine eigenen selbstsüchtigen Begierden benutzt, fühlen sie sich sicherer. Aufgrund ihrer emotionalen Narben halten sie ein Leben auf der Straße für ihre einzige Möglichkeit. Andererseits rebelliert vielleicht auch eine junge Frau aus gutem Elternhaus, hat schlechten Umgang und probiert Sex, Drogen und Alkohol aus. Sie verlässt ihr Zuhause in dem falschen Glauben, sie habe ihr Leben ruiniert. Ohne Unterkunft und Geld hält sie Prostitution für den einzigen Ausweg.

Manchmal wird eine Frau von einem Kollegen verführt, der sie früher oder später für eine andere Frau verlässt. Die Frau fühlt sich zurückgewiesen und gedemütigt. Im Lauf der Jahre führt eine Beziehung zur nächsten, bis sie sich benutzt und wertlos fühlt. Schließlich beschließt sie, ihren Körper zu verkaufen, um sich ihren Lebensunterhalt zu verdienen.

Vielleicht war diese Frau, die zu Jesus kam, von ihrem Ehemann betrogen und verlassen worden und hatte sich deshalb in das einzige Gewerbe geflüchtet, das ihr Geld brachte. Sie konnte die ihr verhassten Männer für ein paar Schekel benutzen, was ihr das Überleben auf der Straße ermöglichte.»Sie ließ sich von Mann zu Mann weiterreichen wie eine schmutzige Zeitschrift, die man eifrig in die Hand nimmt, kurz benutzt und dann beiseitelegt.«[20]

---

20 William Barker, *Personalities Around Jesus*, S. 142.

Als sie auf Jesus zuging, brachte die Frau keine Entschuldigung oder Erklärung vor. Sie verhielt sich, als seien sie allein im Zimmer, und führte ihre geplante Zeremonie durch. Sie kniete sich hinter ihn und holte aus ihrem Gewand ein Fläschchen teuren Parfüms. Sie öffnete das Fläschchen und begann, seinen wertvollen Inhalt auf Jesu ausgestreckte Füße zu gießen. Als der liebliche Duft den Raum erfüllte, begann sie zu weinen. Die Tränen liefen ihr über die Wangen, und schon bald waren Jesu Füße nass. Man könnte die griechische Formulierung sogar so übersetzen: »Sie begann, seine Füße mit ihren Tränen zu beregnen.« Dann trocknete sie seine nassen Füße mit ihren Haaren ab. Diesen Akt der Hingabe wiederholte sie mehrmals, ohne sich zu schämen.

Simon war beleidigt. Er befürchtete, sein sorgfältig geplantes Abendessen könnte ruiniert sein. Am meisten ärgerte ihn, dass sein Ehrengast nicht reagiert hatte, wie es Sitte war. »Sämtliche guten Umgangsformen schrieben vor, dass Jesus vor Entsetzen darüber, von einem solch widerlichen Wesen berührt zu werden, hätte zurückfahren sollen.«[21] Für Simon war das der Beweis dafür, dass Jesus kein Prophet war. Denn sonst hätte er gewusst, wer diese Frau war, und auch, welchem Beruf sie nachging. Wie konnte Jesus zulassen, dass sie sich so schändlich verhielt, und sich an ihrem abscheulichen Gefühlsausbruch auch noch bereitwillig beteiligen?

Die ganze Atmosphäre war mit Verachtung für diese Frau geladen, die so dreist war, gegen bewährte Sitten zu verstoßen und ein elegantes Festmahl zu stören. Simon war es peinlich, auch wenn es Christus nicht peinlich war. So viel zu dem geplanten Diskussionsthema des Abends.

Hier steht diese Frau sowohl vor Christus als auch vor dem Pharisäer; der eine nimmt sie an, der andere verabscheut sie. Zum Schluss sagt ihr der Herr der Herrlichkeit, dass ihre Sünden vergeben sind. Was könnte sich eine unsittliche Frau mehr wünschen?

---

21 Ebd., S. 102.

Welch unglaubliche Geschichte! Ihre Tränen reinigten die Füße des vollkommensten Mannes auf Erden; seine Vergebung reinigte die Seele der größten Sünderin der Stadt! Augenblicklich gelangte sie von Selbsthass zu Frieden, als Jesus ihr vergab und ihr wieder Würde verlieh. Dank ihm erreichte sie in wenigen Augenblicken, was andere im Laufe eines ganzen Lebens alleine nicht schaffen.

Welche Eigenschaften aber versetzten diese Frau in die Lage, Jesu Aufmerksamkeit und Barmherzigkeit anzunehmen?

Sie war ehrlich. Diese Frau hatte nicht den Wunsch, zu heucheln oder jemandem etwas vorzuspielen. Sie wusste, dass ihr Erscheinen im Haus eines selbstgerechten Pharisäers für Spott und Verachtung sorgen würde. Doch ihre Sehnsucht nach einem neuen Leben überwand ihre natürliche Neigung, ihre Schande zu verbergen. Ihr Wunsch, Christus zu treffen, war stärker als ihre Angst vor dem moralischen Spott des Pharisäers Simon und seiner Freunde. In Anbetracht der damaligen Kultur hatte sie keine Gnade zu erwarten; die religiösen Menschen wussten nur, wie man die harten Strafen des Gesetzes anwendet.

Wenn wir unsere verborgene Sünde ehrlich vor Gott bringen, wirkt Gottes Gnade in unserem Leben. Jemand hat einmal gesagt, der erste Schritt, um die Macht einer unmoralischen Vergangenheit zu brechen, sei es, »die natürliche Neigung, eine Lüge zu leben, in den Tod zu geben«. Gottes Gnade und Hilfe erhält, wer seine sündigen Geheimnisse satthat und um Vergebung und Reinigung bittet. In Römer 5,20 wird uns zugesichert: »Wo aber die Sünde überströmend geworden ist, ist die Gnade noch überreichlicher geworden.« Gott schenkt seine Gnade, um uns von unserer Sünde zu erlösen.

Wir müssen uns nicht selbst ändern, damit wir zu Jesus kommen dürfen. Wir müssen nur kommen, wie wir sind – offen, ehrlich, erwartungsvoll. »Wer seine Übertretungen verbirgt, wird kein Gelingen haben; wer sie aber bekennt und lässt, wird Barmherzigkeit erlangen« (Sprüche 28,13).

Sie müssen bereit sein, sich Ihrer Vergangenheit in Jesu Gegenwart zu stellen. Er kann Ihre Verletzungen heilen und Ihrer Seele Frieden bringen. Er wird Ihren unreinen Lebenswandel durch ein erfülltes Leben und Ihre innere Leere durch inneren Frieden ersetzen.

Sie hatte Glauben. Der Glaube dieser Frau verblüfft uns. Sie glaubte, was sie über Jesus gehört hatte. Vielleicht lag es an seinem freundlichen Gesicht, oder vielleicht hatte sie aus einiger Entfernung seinen Predigten über Liebe und Hoffnung zugehört. Und dort in seiner Gegenwart blühte ihr Glaube auf; sie wusste, dass sie diesem Mann vertrauen konnte – im Gegensatz zu den vielen anderen, die sie benutzt hatten.

Sie salbte ihn in dem Glauben, dass er sie annehmen würde, obwohl er alles über sie wusste. Im Gegenzug sagte er zu ihr: »Dein Glaube hat dich gerettet; geh hin in Frieden« (Lukas 7,50). Weder ihre Tränen noch die liebevolle Handlung, teures Parfüm auf seine Füße zu gießen, retteten sie. Ihre guten Taten brachten ihrer Seele nicht die Errettung. Der Glaube, und allein der Glaube an Jesu Vergebung und Errettung wischte ihre Sünden weg.

Wie dankbar war sie, dass Jesus kein Pharisäer war! Stellen Sie sich vor, er hätte zu ihr gesagt: »Frau, ich möchte von keiner Prostituierten berührt werden. Weißt du nicht, dass ich Gottes heiliger Sohn bin? Geh zurück auf die Straße, wo du hingehörst!« Wäre sie von dem Einzigen, der ihr vergeben konnte, abgewiesen worden, hätte sie an keinem anderen Ort im Universum Vergebung finden können. Hätte Gottes Sohn ihr den Rücken gekehrt, wäre sie gezwungen gewesen, in ewiger Verzweiflung fortzugehen. Da er ihr aber Vergebung zusprach, ging sie mit ewiger Freude aus seiner Gegenwart.

Sie stellte sich ihren Gefühlen. Warum weinte diese Frau? Denken Sie an die Männer, die sie betrogen hatten. Falsche Liebesschwüre und gebrochene Versprechen. Von ihrem Selbstwert war schon längst nichts mehr übrig. Vielleicht erinnerte sie sich daran, dass eine Familie an der Sünde zerbrochen war, die sie mit dem Vater und Familienoberhaupt begangen hatte. Oder vielleicht hatte sie selbst Kinder, die aufgrund ihres Lebenswandels vernachlässigt wurden. Sie kann auch aus Trauer über ein gebrochenes Herz geweint haben.

Die Tränen eines ganzen Lebens liefen ihr über die Wangen und tropften auf Jesu Füße. Der Schmerz ihres Lebens – Schuld, Schande, Verunreinigung, Versagen – strömte hervor.

Wenn sie sich dem Schmerz der Vergangenheit nicht hätte stellen wollen, hätte sie all diese Gefühle tief in ihrer Seele vergraben können. Doch dann wäre sie eine verbitterte, trotzige und wütende Frau geworden. Oder sie hätte einfach weiterhin in zwanghaften Beziehungen leben können, die den Schmerz eines leeren Lebens ausblendeten. Sie hätte sich weiterhin von einer Beziehung in die nächste stürzen und dabei nie zugeben können, wie ergebnislos ihre Suche nach Liebe und Selbstwert war.

Wer mit einer sexuell zerrütteten Vergangenheit zu kämpfen hat, erlebt oft einen Moment der Wahrheit – einen Zeitpunkt, an dem er endlich bereit ist, sich dem tief in seiner Seele vergrabenen Schmerz zu stellen.

Weinen ist häufig eine Begleiterscheinung der Buße. Das heißt nicht, dass uns nicht vergeben werden kann, wenn wir nicht weinen, und es heißt auch nicht, dass diese Frau mit ihren Tränen für ihre Sünden bezahlte. Mit sexueller Sünde ist jedoch fast immer ein tiefer Schmerz verbunden, den andere Menschen nicht wahrnehmen. Bei jeder verbotenen Beziehung entsteht eine weitere Schicht der Verletzung.

Man sagt, missbrauchte Kinder hätten »keinen Ort in der Tiefe ihrer Seele, an dem sie sich die Augen ausweinen können«.

Gott hat uns Tränendrüsen gegeben, damit wir schmerzhaften Gefühlen und Erinnerungen Luft verschaffen können. Heilung fängt dort an, wo wir bereit sind, unsere Tränen in Jesu Gegenwart fließen zu lassen.

Sie nahm Vergebung an. Jesus legte das Diskussionsthema des Abends fest. Wir haben bereits festgestellt, dass Simon glaubte, Jesus hätte sich nicht von dieser Frau berühren lassen, wenn er ein wahrer Prophet gewesen wäre. Für Simon war die Tatsache, dass Jesus sich von der Frau hatte berühren lassen, der Beweis dafür, dass Jesus ein ganz gewöhnlicher Rabbi war, der nicht einmal den Anstand besaß, sich an die damaligen Sitten zu halten. Simon lehnte Jesu Handeln ab, womit er auch Jesus selbst ablehnte. Simon glaubte zu wissen, was Gott tun würde, wenn er an Jesu Stelle wäre.

Mit diesem Gleichnis deckte Jesus auf, was in Simons Herzen vorging: »Ein gewisser Gläubiger hatte zwei Schuldner; der eine schuldete fünfhundert Denare, der andere aber fünfzig; da sie aber nichts hatten, um zu bezahlen, schenkte er es beiden. Wer nun von ihnen wird ihn am meisten lieben? Simon aber antwortete und sprach: Ich meine, der, dem er das meiste geschenkt hat« (Lukas 7,41-43).

Dann machte Jesus klar, worauf er hinauswollte: »Siehst du diese Frau? Ich bin in dein Haus gekommen; du hast mir kein Wasser auf meine Füße gegeben, diese aber hat meine Füße mit Tränen benetzt und mit ihren Haaren getrocknet. Du hast mir keinen Kuss gegeben; diese aber hat, seitdem ich hereingekommen bin, nicht aufgehört, meine Füße zu küssen. Du hast mein Haupt nicht mit Öl gesalbt; diese aber hat meine Füße mit Salböl gesalbt. Deswegen sage ich dir: Ihre vielen Sünden sind vergeben, denn sie hat viel geliebt; wem aber wenig vergeben wird, der liebt wenig« (V. 44-47).

Die Geschichte traf ins Schwarze.

Stellen Sie sich Simons Gesichtsausdruck vor, als Jesus diese Geschichte erzählte und damit die selbstgerechten Gedanken seines Gastgebers bloßstellte. Indem er Simon zeigte, dass er seine Gedanken kannte, bewies Jesus folglich, dass er durchaus wusste, wer ihn berührte, und dass er doch ein Prophet war. Er war sogar ein Prophet, der nicht nur die Vergangenheit dieser Frau kannte, sondern auch in der Lage war, ihr eine neue Zukunft zu versprechen.

Lassen Sie uns nicht über Jesu Worte »Siehst du diese Frau?« hinwegeilen. Damit stellte er eigentlich die Frage: »Siehst du sie *wirklich* als den Menschen, der sie ist? Kannst du jemanden sehen, der Hilfe und Gnade braucht?« Jesus zeigte den Gegensatz zwischen dieser Frau und dem Pharisäer auf. Simon hatte Vergebung ebenso nötig wie diese Frau, wahrscheinlich sogar noch dringender. Menschen, die wissen, dass sie Vergebung brauchen, sind dem Reich Gottes näher als solche, die nicht glauben, dass sie solche Barmherzigkeit nötig haben. So machte Jesus mit diesen Worten klar, dass Prostituierte eher in den Himmel kommen als selbstgerechte Menschen.

Als Jesus erklärte, dass der Grad unserer Liebe vom Grad unserer Vergebung abhängt, war die Spannung in dem Raum greifbar. Natürlich sollte man dies nicht so verstehen, dass Simon anscheinend weniger Sünden hatte, die ihm vergeben werden müssten, und Christus daher niemals innig lieben könnte. Christus wollte damit aussagen, dass diejenigen nur wenig lieben, die *denken*, sie bräuchten wenig Vergebung. Diejenigen, die ihre Sünde klar erkennen, lieben viel.

Wer war Simon, dass er über andere richtete, wenn er selbst auch versagt hatte? Selbstgefällig betrachtete er andere mit Verachtung. Seine Selbsttäuschung war sogar vor ihm selbst so gut verborgen, dass er die Wirklichkeit gar nicht anders wahrnehmen konnte. Diese Frau sah *ihre* Sünde, und Simon sah ihre Sünde, doch seine eigene Sünde konnte er nicht sehen. Daher war er nicht fähig zu lieben. *Er stand auf gutem Fuß mit sich selbst, aber auf schlechtem Fuß mit Gott.*

Doch in Anwesenheit dieses selbstgerechten, richtenden Heuchlers und seiner Freunde verkündete Jesus so, dass alle es hören konnten: »Deine Sünden sind vergeben« (V. 48). Zum vielleicht ersten Mal seit Jahren sprach jemand freundlich mit ihr;

jemand erwies ihr die Würde, dass er die anderen wissen ließ, dass sie für Gott etwas Besonderes war. Ihr wurde bestätigt, dass sie etwas wert war.

Manchmal fühlen sich Menschen, die sexuelle Sünden begangen haben, als hätten sie Vergebung nicht verdient. Ja, wir alle haben sie nicht verdient, aber Gottes Gnade ist ganz einseitig. Wir müssen nichts zum Tisch bringen außer unserer großen Not. Vergebung ist ein kostenloses Geschenk, das auf Jesu Leistung beruht. Deshalb fällt es Gott nicht schwerer, große Sünden zu vergeben, als kleine.

Gott will, dass Sie von Ihrer Sünde völlig befreit werden – egal, welch schreckliche Folgen sie auch hatte. Wenn David sein Ehebruch und sein Mord an Urija (der nie wieder zum Leben erweckt werden konnte) vergeben werden konnte, können wir gewiss sein, dass Gott auch sexuelle Sünde trotz ihrer anhaltenden Folgen vergibt.

Sie nahm die Reinigung an. Viele Menschen, die Jesu Vergebung annehmen, kämpfen immer noch mit Resten von Schuld und Selbstverurteilung. Eine junge Frau berichtete uns einmal in einem Brief, dass eine ältere Frau sie zu einer sexuellen Beziehung mit ihr überredet hatte. Obwohl sie sich zunächst weigerte, gab sie schließlich nach und begann einen fünf Jahre dauernden Kampf mit dem Leben als Lesbe. »Oh, wie widerwärtig bin ich im Innersten meines Wesens!«, schrieb sie. »Ich weiß, dass Gott mir vergeben hat, aber ich selbst kann mir nicht vergeben. Oft kann ich nicht anders, als zu weinen … Ich fühle mich so müde und alt. Gibt es Hoffnung für jemanden wie mich? Gott bewahre, dass ich ein Judas bin, der seine Tat bereute, aber der dennoch in die falsche Richtung weiterging!«

Ja! Tausendmal ja – es gibt Hoffnung.

Aber warum fühlt sich die Verfasserin dieses Briefes immer noch schmutzig, auch wenn sie ihre Sünden bekannt hat, vielleicht schon mehrfach? Erstens muss sie nicht nur Gottes Vergebung in Anspruch nehmen, sondern auch Gottes Reinigung, auf die sie ein Recht hat. Ihr Gewissen kann gereinigt werden, und sie kann ohne die Stimmen der Verdammnis leben, ohne die Last eines verunreinigten Gewissens. »Wenn wir unsere Sünden bekennen, so ist er treu und gerecht, dass er uns die Sünden vergibt und uns reinigt von aller Ungerechtigkeit« (1. Johannes 1,9).

Zweitens macht sie vielleicht den Fehler, dass sie die Anschuldigungen des Teufels mit der Stimme des Heiligen Geistes verwechselt. Der Heilige Geist ist dafür verantwortlich, uns der Sünde zu überführen, damit wir sie bekennen können. Danach bringt er Frieden in unser Herz. Manchmal ergreift an dieser Stelle Satan die Macht und versucht, Gottes Werk nachzuahmen und uns von Sünden zu überführen, die Gott bereits vergeben hat. Gläubige, die die Anschuldigungen des Teufels für die Überführung durch den Heiligen Geist halten, sind in einem Teufelskreis gefangen, in dem sie ständig Sünden bekennen, ohne die Gewissheit der Vergebung zu haben. Oder sie glauben die Lüge, dass sie mit den Schuldgefühlen als Lohn der Sünde leben müssen.

Für jede noch so schändliche sexuelle Sünde gibt es Vergebung und Reinigung. Keine Sünde ist so groß, dass sie nicht vergeben werden könnte. Sich in Schuld zu wälzen, stellt keine Bezahlung für unsere Sünde dar. Jesu Tod – der Tod, den er sterben sollte, kurz nachdem er dieser Frau in Simons Haus vergab –, dieser Tod und diese Auferstehung haben für ihre Sünde und auch für die unsrige bezahlt.

Wenn Sie Ihre Sünde bekannt haben und Satan Sie das nächste Mal an Ihre Vergangenheit erinnert, erinnern Sie ihn an seine Zukunft. Schließlich wurde er von Christi Tod und Auferstehung besiegt und hat demnach ewige Verdammnis zu erwarten.

Es gibt Menschen, die sich selbst nicht vergeben können. Wenn der oberste Gesetzgeber des Universums uns für rein erklärt hat, haben wir dann das Recht, uns selbst für unrein zu erklären? Gott nimmt unsere vergebenen Sünden und wirft sie in die Tiefen des Meeres und gedenkt nicht mehr an sie. Müssen wir mit einem schlechten Gewissen leben? Die Antwort lautet: »Nein«, denn ein schlechtes Gewissen ist quasi Buße außerhalb von Jesu Sichtweite. Doch wenn wir vor ihn kommen, wird das Gewissen gereinigt und die Schuld auf unseren gekreuzigten Erlöser übertragen.

Wenn eine Prostituierte vor zweitausend Jahren in Jesu Gegenwart glauben konnte, kann auch eine Lesbe heute glauben. Beide können die Stimme des Retters vernehmen: »Deine Sünden sind vergeben.« Widerstehen Sie der Versuchung, mit etwas in der Hand zu Jesus zu kommen – einem Versprechen, sich zu bessern, einer beabsichtigten Bußhandlung. Kommen Sie einfach so, wie Sie sind! Bringen Sie Ihre Dunkelheit in sein Licht!

Der Weg zur Freiheit

Christi letzte Worte zu dieser Frau lauteten: »Geh hin in Frieden« (V. 50). Vergebung geht immer mit Frieden einher. Es war, als hätte Jesus die Tore zu einem frischen Garten aufgestoßen. Der Frau, wie auch uns, wird ein neues Leben versprochen, das wir freudig annehmen dürfen. Sie bekommt einen neuen Anfang, eine zweite Chance im Leben. »Hingehen« bedeutete, dass sie von diesem Augenblick an eine andere Frau mit einem anderen Lebenswandel sein würde. Der Herr, der ihr vergab, war auch der Herr, der sie für ein neues Leben ausrüsten würde.

Manchmal müssen drastische Maßnahmen ergriffen werden, damit man von den Ketten der Vergangenheit frei wird. Im Zusammenhang mit Begierden und Ehebruch sagte Jesus: »Wenn aber dein rechtes Auge dir Anstoß gibt, so reiß es aus und wirf es von dir; denn es ist besser für dich, dass eins deiner Glieder umkomme, als dass dein ganzer Leib in die Hölle geworfen werde. Und wenn deine rechte Hand dir Anstoß gibt, so hau sie ab und wirf sie von dir; denn es ist besser für dich, dass eins deiner Glieder umkomme, als dass dein ganzer Leib in die Hölle komme« (Matthäus 5,29-30). Mit den stärkstmöglichen Worten sagt Jesus damit: »Tu, was auch immer du tun musst, damit du nicht ständig in die Grube sexueller Sünde schlitterst.« Dazu gehört, dass man denen vergibt, die einem Unrecht getan haben, und gegenüber Menschen Rechenschaft ablegt, die einem beim Kampf gegen die Verhaltensmuster der Vergangenheit helfen können.

Wir alle sollten Zusagen aus der Bibel auswendig lernen und uns darauf verlassen, dass Gottes Vergebung umfassend ist. Der Glaube an die Macht von Gottes Wort verleiht uns die Kraft, die wir für ein verändertes Leben brauchen. Der Heilige Geist ist bei allen, die einen neuen Weg beschreiten wollen.

Denken Sie daran: Wir werden immer in der Versuchung stehen, zu der Sünde zurückzukehren, die uns einst beherrscht hat. Wir müssen lernen, Satan zu widerstehen und uns von anderen Menschen helfen zu lassen, die gegen seine Macht anbeten wollen. Es wird eine heftige Schlacht werden, doch durch unseren Herrn Jesus Christus ist der Sieg möglich.

Charles Wesley hatte Verständnis dafür, dass viele Menschen noch immer mit genau jenen Sünden zu kämpfen haben, die Gott ausgelöscht hat. Doch er versichert uns:

Er bricht die Macht der Sündenqual,
lässt Hartgebundne frei.
Sein Blut versöhnt die Sünder all,
dies Blut mein Lobpreis sei.[22]

Tausende von Menschen, die früher von einer sexuellen Vergangenheit gequält wurden, leben dank der Macht von Jesu Blut heute in Freiheit. Sie wurden aus dem Gefängnis der Schuld, der Verbitterung, der Wut, der Selbstverachtung und des Hasses befreit. Jesus hat diese Ketten für uns alle gesprengt, wenn wir bereit sind, zu ihm zu kommen wie diese Frau vor so vielen

---

22 Charles Wesley, »O hätt ich tausend Zungen nur«, deutsch von E. Gensichen, in: *Ich will dir danken* (Holzgerlingen: SCM Hänssler, 1991), Nr. 68.

Jahren. Die Vergangenheit lässt sich nicht verändern, doch die *Macht* der Vergangenheit lässt sich abschwächen und brechen.

Ein Gebet

Himmlischer Vater, durch unseren Herrn Jesus bringe ich mein ganzes Wesen vor dich. Du kennst meine Vergangenheit, meinen Schmerz und meine Geheimnisse. Ich öffne mein Leben für dich und bitte um deine Vergebung und Reinigung. Heute bekenne ich, dass Jesus der Erlöser meiner Vergangenheit und auch der Herr meiner Zukunft ist. Im Glauben nehme ich seine Aussage an, dass er meine Gerechtigkeit ist und ich rein bin. Ich danke dir für seine Liebe und Annahme. Ich bete in seinem Namen, Amen.

Und es kommt einer der Synagogenvorsteher, mit Namen Jairus, und als er ihn sieht, fällt er ihm zu Füßen; und er bat ihn sehr und sprach: Mein Töchterchen liegt im Sterben; komm doch und lege ihr die Hände auf, damit sie gerettet werde und lebe. Und er ging mit ihm. Und eine große Volksmenge folgte ihm, und sie umdrängte ihn. Und eine Frau, die zwölf Jahre Blutfluss hatte und von vielen Ärzten vieles erlitten hatte und ihre ganze Habe verwandt und keinen Nutzen davon gehabt hatte – es war vielmehr schlimmer geworden –, kam, als sie von Jesus gehört hatte, in der Volksmenge von hinten und rührte sein Gewand an; denn sie sprach: Wenn ich auch nur seine Kleider anrühre, werde ich geheilt werden. Und sogleich versiegte die Quelle ihres Blutes, und sie merkte am Leib, dass sie von der Plage geheilt war.

Markus 5,22-29

Jesus begegnet
den Kranken und Sterbenden

Gott antwortet auf unsere Gebete nicht immer so, wie wir es uns wünschen. Oft befreit er uns nicht von unseren Problemen, sondern schenkt uns stattdessen die Gnade und die Kraft, um sie durchzustehen.

Seit über vierzig Jahren leide ich (Rebecca) an furchtbaren Kopfschmerzen. Pochende, entsetzliche Schmerzen! Während mehr als der Hälfte dieser Zeit verschafften mir die mir zur Verfügung stehenden Medikamente nur geringe Linderung. Manche Phasen dauerten drei bis vier Tage und waren von furchtbaren Schmerzen und Erbrechen begleitet. In den späten 1980ern wurde ich in einer bekannten Kopfschmerzklinik ausgiebig untersucht. Schließlich fand man heraus, dass meine Krankheit einen Namen hatte – Migräne. Ich erhielt verschiedene Medikamente, mit geringem Erfolg. Manche der Tabletten, Spritzen und Pflaster hatten starke Nebenwirkungen. Und manche zeigten überhaupt keine Wirkung.

Diese Kopfschmerzen wirkten sich auf alle Bereiche meines Lebens aus: meine Ausbildung, meine Arbeit als Krankenschwester, meinen Dienst für Gott, das Reisen und die Betreuung meiner Familie. Hin und wieder versammelte sich sogar meine Familie um mich und betete um Linderung und Heilung. Mein lieber Mann hat oft für mich gebetet und Gott angefleht, Erbarmen mit mir zu haben. Sein Mitgefühl, seine Sorge und seine Gebete waren Trost und Ermutigung für mich. Gottes Gnade und Kraft verliehen mir die Entschlossenheit und Zähigkeit, trotz der Schmerzen weiterzumachen. Anfang der 1990er kam ein neues Medikament auf den Markt, das mein Leben veränderte. Es war wie ein Wunder, dass ich nun eine kleine Tablette nehmen konnte und meine Kopfschmerzen innerhalb einer Stunde statt der sonst üblichen 72 oder mehr Stunden verschwanden. Unter Tränen habe ich Gott oft für dieses erstaunliche Medikament gedankt.

Gelegentlich wirkt jedoch nicht einmal diese Arznei, besonders bei einer linksseitigen Migräne. Im Sommer 2003 hatte ich einmal mehrere Tage lang Cluster-Kopfschmerzen – einen Anfall nach dem anderen mit nur wenigen Stunden Linderung dazwischen. Ich hatte eine Reise nach Colorado geplant, um etwas Zeit in meinen geliebten Bergen zu verbringen und Freunde zu besuchen. Trotz meiner Schmerzen beschloss ich, an meinen Plänen festzuhalten. Als ich an jenem Abend in meinem Mietwagen in die Berge fuhr, wurde der pochende Schmerz in meinem Kopf von dem Stress eines langen Tages und des Fluges und von der Höhenlage nur noch verstärkt. Nachdem ich meine Unterkunft bezogen hatte, lag eine lange, qualvolle Nacht vor mir – die Medikamente wirkten nicht, und ich war verzweifelt.

Einige Stunden lag ich mit einem Eisbeutel auf dem Kopf ganz still da. Es trat aber keine Besserung ein, und die Schmerzen machten mir Angst. Als es mir vorkam, als würde mein Kopf explodieren, schrie ich vor Angst und Schmerz auf und fragte meinen himmlischen Vater, ob es ihn nicht kümmerte. Wann würde dieser Albtraum enden? Es war niemand da, der für mich beten, mich trösten und ermutigen konnte. In der Dunkelheit und Einsamkeit meines Zimmers schrie ich zu Jesus, er möge Erbarmen mit mir haben. Die Tränen schossen mir aus den Augen, und ich streckte meine Arme nach ihm aus. Einen Augenblick lang glaubte ich, wenn ich nur den Saum seines Gewandes berühren könnte, würde ich sicher gesund werden. Mit großem Glauben streckte ich meine Hand aus und erwartete ein Wunder. Meine Schläfe pochte weiter.

Jedoch – und daran erinnere ich mich lebhaft – erfüllten Jesu Gegenwart und sein Frieden den Raum. Ich verspürte Ruhe und die Gnade, die er uns in der Not verspricht. Nach wenigen Augenblicken sank ich in einen tiefen Schlaf. Als ich einige Stunden später aufwachte, hatte das starke Pochen nachgelassen. Ich nahm weitere Tabletten und konnte wieder einschlafen. Als ich morgens aufwachte, war mein Kopf schmerzfrei – zum ersten Mal seit mehreren Tagen.

Nein, ich wurde in jener Nacht nicht geheilt, aber ich hatte eine göttliche Begegnung mit Jesus. Sein Friede, seine Macht und seine Gegenwart schenkten mir die Gnade und die Fähigkeit, meine Qual zu durchleben, ohne den Glauben an seine Liebe und seinen Plan für mich zu verlieren.

Die Geschichte von der blutflüssigen Frau war immer eine meiner Lieblingsgeschichten. Ich erkenne mich selbst in ihr – voller Angst, voll von Zweifeln, einem Gefühl der Hoffnungslosigkeit und der Frage, ob es Jesus überhaupt interessiert, wie es mir ergeht. Zum Glück lehrt uns diese Frau jedoch, dass wir zu Jesus kommen können, wie wir sind, uns ausstrecken können und seine Barmherzigkeit im Glauben annehmen können. Sie hat mich oft angeregt, aus dem Schatten zu treten und in dem Sonnenschein von Jesu Liebe und Annahme zu leben.

Jesus verlangt von uns, dass wir das Vertraute und Bequeme hinter uns lassen und wie diese Frau zu ihm kommen. Er geht mit uns durch unseren Schmerz und unsere Probleme. Er kennt unsere Grenzen. Er stellt unseren Glauben auf die Probe. Er nennt uns »Töchter«. Der Eine, der durch die staubigen Straßen Jerusalems ging, ist hier, um uns in unserer Verzweiflung und persönlichen Not zu helfen. Wenn wir uns im Glauben ausstrecken, um den Saum seines Gewandes zu berühren, kann ein Wunder geschehen.

Heutzutage lesen wir viel darüber, was Frauen wollen, welche Bedürfnisse sie haben und wie gesellschaftliche und kulturelle Ansprüche ihren Kampf um Erfüllung und Anerkennung gefährden. Doch ehrlich gesagt gibt es diese Probleme schon seit Anbeginn der Menschheit. Die Zeiten haben sich geändert, das Leiden nicht.

Wenn wir zurückblicken, stellen wir fest, dass es uns geht wie unseren Vorgängerinnen. »In Wirklichkeit erleben Frauen heute trotz ihrer Freiheit dieselben Dinge wie ihre Schwestern im Lauf der Jahrhunderte. Unsere neu entdeckten Freiheiten haben die Einsamkeit, die Scham, das Versagen und den Schmerz nicht gelindert.«[23] Wenn man Umfragen Glauben schenken kann, sind viele Frauen unglücklich und haben das Gefühl, das Leben habe sie um ihre Möglichkeiten betrogen. Aufgrund persönlichen Versagens, der Handlungen anderer Menschen oder gesellschaftlicher Zwänge haben sie sich mit schweren Enttäuschungen abgefunden.

Wir kennen eine Frau, die seit vielen Jahren an Multipler Sklerose leidet und einen ungeduldigen Ehemann hat, der sie oft daran erinnert, dass sie eine kaum zu ertragende finanzielle und emotionale Belastung ist. Ihre Kinder sind schon groß, das jüngste geht bald aufs College. Ihr graut vor dem Tag, an dem sie allein sein wird und über ihr Schicksal und die Schuldgefühle nachgrübeln kann, die sie verspürt, weil sie eine Last ist, die niemand tragen will.

Ähnliche Gefühle dürften jene Frau geplagt haben, die vor zweitausend Jahren Jesus begegnete – eine Frau, die im Schatten lebte, ehe sie in das Licht von Jesu Macht und Gnade kam. Sie war nicht nur krank, sondern hatte auch mit einer von religiösen und kulturellen Tabus durchsetzten Gesellschaft zu kämpfen, die ihre sozialen Kontakte einschränkte. Bei den Leitern ihrer Synagoge hätte sie niemals ein offenes Ohr gefunden. Ihr körperliches Leiden war nur Teil des Problems. Das größere Problem war, dass sie aus der Gesellschaft ausgeschlossen war und mit ihrem schmerzhaften Geheimnis leben musste. Dieser Schmerz brachte sie zur Verzweiflung.

Und dann begegnete sie Jesus.

Jesus traf diese Frau, als er unterwegs war, um ein anderes Wunder zu tun. Er erhörte die flehentliche Bitte eines Vaters, dessen Tochter dem Tode nahe war. Betrachten wir den Kontext: Mit zunehmender Popularität wurden die ihn umgebenden Menschenmengen immer anspruchsvoller und häufig auch unberechenbar. Auf Jesu Befehl hatte ein von Dämonen besessener Mann

---

23 Lydia Brownback, *Legacy of Faith* (New Jersey: P&R Publishing, 2002), S. xiii.

seinen Verstand zurückerhalten. Doch als die Dämonen in eine Schweineherde fuhren und diese ertränkten, wurde Jesus aufgefordert, das Land der Gadarener östlich des Jordans zu verlassen. Die eine Menschenmenge atmete erleichtert auf, als Jesus fortging, doch eine andere nahm ihn freudig auf. Ein Vater hatte ein dringendes Anliegen: Seine zwölfjährige Tochter war dem Tode nahe. »Und es kommt einer der Synagogenvorsteher, mit Namen Jairus, und als er ihn sieht, fällt er ihm zu Füßen; und er bat ihn sehr und sprach: Mein Töchterchen liegt im Sterben; komm doch und lege ihr die Hände auf, damit sie gerettet werde und lebe« (Markus 5,22-23). Also brach Jesus zu dem Haus des Mannes auf, und die Menschenmenge folgte ihm.

Doch dann wurde die Reise unterbrochen.

Die blutflüssige Frau

Eine Frau erfuhr, dass Jesus in ihrer Gegend war, und beschloss, ihre vielleicht einzige Gelegenheit zu nutzen. Ihr Glaube überwand ihre Furcht. Ihre Hoffnung überwand ihre Schwachheit. Bald sollte Jesus vorbeikommen, und sie würde auf ihn warten.

Hier erkennen wir den Gegensatz zwischen der akuten Not eines todkranken Kindes und der langjährigen Not einer chronisch kranken Frau, für die es keine Heilung gab. Bei näherem Hinsehen entdecken wir einen weiteren Gegensatz: Das kranke Kind war die Tochter eines bekannten Synagogenvorstehers, während die kranke Frau ein unbedeutendes Mitglied der Gesellschaft war, dem normale Ärzte nicht hatten helfen können. Zwischen dem Kind und der Frau gibt es jedoch eine interessante Gemeinsamkeit: In jedem Lebensjahr des Mädchens – zwölf an der Zahl (vgl. Lukas 8,42) – hatte die Frau Blutungen gehabt.

Die meisten von uns mögen keine Unterbrechungen. Der besorgte Vater hatte es eilig, Jesus zu seinem Haus zu bringen, ehe seine Tochter starb. Jairus und die fordernde Menschenmasse wussten jedoch nicht, dass Jesus nach einem von Gott erstellten Zeitplan lebte. Während sich die vielen Menschen um ihn drängten und um seine Hilfe baten, gab es *einen* Menschen, der ihn dringender brauchte als alle anderen. Was würde Jesus tun? Der irdische Vater wollte, dass Jesus *seine* Tochter heilte; der himmlische Vater wollte, dass Jesus *Seine* »Tochter« heilte.

Jairus war ein wichtiger Leiter der Synagoge, und diese Frau war ein anonymer »Niemand«; dennoch blieb Jesus stehen, um ihr zu helfen. Jairus war wohlhabend, doch diese Frau hatte nichts. Jairus war in Eile, und doch ließ Jesus ihn auf eine Frau warten, deren Heilung vermutlich noch etwas hätte warten können.

Doch an jenem Tag empfingen *sowohl* Jairus *als auch* die Frau Jesu Hilfe.

Ihr Zustand. Wir können uns vielleicht eine Regelblutung vorstellen, die einen Monat dauert. Sechs Monate. Ein Jahr – möglicherweise. Fünf Jahre – vielleicht. Aber nicht zwölf lange Jahre. Und das war nicht nur eine einfache Blutung – in allen drei Berichten in den Evangelien wird es als eine konstante Blutung beschrieben. Das hier verwendete griechische Wort lässt sich mit *Blutsturz* übersetzen. Wir können uns kaum vorstellen, dass ein solcher Fluch einer Frau widerfährt. Und sie musste mit diesen Beschwerden ohne die Bequemlichkeiten moderner Toilettenartikel oder Hygiene leben. Unvorstellbar!

Die Folgen waren erschütternd. Auf diese Frau traf die levitische Lehre zu, dass Frauen während ihrer Monatsblutung im Grunde unter Quarantäne gestellt werden sollten. Ein Abschnitt spricht ihre Situation direkt an: »Und wenn eine Frau ihren Blutfluss viele Tage hat außer der Zeit ihrer Unreinheit, oder wenn sie den Fluss hat über ihre Unreinheit hinaus, so soll sie alle Tage des Flusses ihrer Verunreinigung sein wie in den Tagen ihrer Unreinheit: Sie ist unrein« (3. Mose 15,25). Dies war keine moralische oder körperliche, sondern eine kultische Unreinheit. Auf diese Weise erinnerte Gott die Menschen an die Wirklichkeit der Sünde und Krankheit.

Sie war nicht nur eine unreine Frau, sondern auch alles, was sie berührte, wurde unrein. Ihre Kleider. Das Bett, in dem sie schlief. Die Möbel, auf denen sie saß. Es kommt noch schlimmer: »Und jeder, der [diese Dinge] anrührt, wird unrein sein; und er soll seine Kleider waschen und sich im Wasser baden, und er wird unrein sein bis zum Abend« (3. Mose 15,27). Jeder, der sie berührte oder die Dinge berührte, die sie berührt hatte, wurde unrein. Um seine kultische Reinheit wiederherzustellen, musste er sich waschen.

Höchstwahrscheinlich war sie unverheiratet, denn kein Ehemann würde bei einer ständig unreinen Frau bleiben. »Ein ›Blutfluss‹ bedeutete im Grunde, dass eine Frau das Haus nicht verlassen, keinen Geschlechtsverkehr mit ihrem Mann und keine normalen gesellschaftlichen Kontakte haben und auch nicht an religiösen Handlungen teilnehmen konnte. Eigentlich wurde diese Frau von ihrer Gesellschaft zwölf Jahre lang ausgeschlossen.«[24] Damals war Aberglauben über die Ursachen unheilbarer Krankheiten weit verbreitet – oft wurden sie einer begangenen Sünde, bösen Geistern, schlechten Eltern oder schlechten Genen zugeschrieben. Zweifellos dachte man, dass diese Frau Unglück brachte, und sie wird ihre Wohnung kaum verlassen haben. Sie muss sich wie eine Aussätzige gefühlt haben. Oder vielleicht wie ein Mensch mit Aids, als die Krankheit erstmals entdeckt wurde und man glaubte, sie würde durch gewöhnlichen Kontakt übertragen werden. Offensichtlich waren die damaligen Frauenärzte ratlos, auch wenn sie das Geld dieser Frau gerne annahmen.

In Markus' Bericht stoßen wir auf absichtliche Ironie: »[Sie hatte] von vielen Ärzten vieles erlitten … und ihre ganze Habe verwandt und keinen Nutzen davon gehabt … – es war vielmehr schlimmer geworden« (Markus 5,26). Markus merkt an, dass die Ärzte ihr Leiden nur noch vergrößert hatten. Er deutet an, dass die Ärzte bei ihr schwer gepfuscht hatten. Wir können uns kaum vorstellen, wie einige der Heilmethoden in der Antike wohl ausgesehen haben mögen.

---

24 Bonnie Thurston, *Women in the New Testament*, S. 71.

Und wenn wir zwischen den Zeilen lesen, wurde sie möglicherweise sogar immer wieder durch die professionellen Witze dieser Ärzte bloßgestellt oder durch deren vulgäre Anspielungen gedemütigt. Als ihr die Mittel ausgingen, ging ihr auch die Hoffnung aus. Da sie von niemandem angestellt werden konnte, können wir uns nur fragen, wie sie überlebt hat. Vielleicht erhielt sie jeden Monat ein paar Münzen von einer Wohltätigkeits-Organisation oder es gab einen Tempelfonds zur Unterstützung Behinderter. Wir wissen nur, dass sie wahrscheinlich deutlich unter der Armutsgrenze lebte.

Blutarm. Unheilbar. Mittellos. Unberührbar. Isoliert. Einsam. Ungeliebt.

Doch diese Frau gab die Hoffnung nie auf. Sie weigerte sich, sich ihrer Krankheit unterzuordnen, bettlägerig – eine Invalidin – zu werden. Sie suchte immer weiter nach einem Heilmittel. Sie betete immer weiter um ein Wunder.

Gelegentlich besuchte sie den Marktplatz, verhüllt von einem Gewand mit Kapuze. Gerüchte über diesen erstaunlichen Mann kamen ihr zu Ohren, während sie sich vorsichtig von Stand zu Stand bewegte. Er hörte sich nicht wie ein gewöhnlicher Rabbi an. Er stellte Frauen nicht bloß. Er befreite Menschen von bösen Geistern und Dämonen. Er war ein unglaublicher Lehrer, der die Heilige Schrift erklärte. Menschenmengen versuchten, ihn zu berühren, von ihm ging eine Kraft aus, und er heilte viele Menschen (Lukas 6,18-19).

Offenbar war dieser Mann bereit, den Status quo durcheinanderzubringen, indem er Menschen von grausamen Krankheiten und bösen Geistern befreite. Bereitwillig ging er das Risiko ein, sich Feinde zu machen, indem er Frauen aus Jahrhunderten der Unterdrückung und der frommen Tradition befreite. Sie wollte sich seine Freundlichkeit zunutze machen.

Ihr Plan. In Jesu Nähe zu gelangen, war ein riskantes Unterfangen. Viele andere drängten sich in seine Nähe, um ein Wort der Weisheit oder eine heilende Berührung zu erhaschen. Sie dachte, Jesus würde nie erfahren, dass jemand »die *Quaste* seines Gewandes« (Lukas 8,44; Hervorhebung hinzugefügt) berührt hatte. Damit sind Quasten gemeint, die jüdische Männer trugen, wie es das Gesetz vorschrieb (vgl. 5. Mose 22,12). Dass sie die Quasten an seinem Gewand berührte, hieß, dass ihr klar war, wofür diese standen – die Thora, das durch Mose gegebene Gesetz. Dieser Teil des Gewandes wurde als der heiligste Teil betrachtet.

Niemand wusste von ihrem Plan. Die Sitten hätten erfordert, dass sie sich Jesus nicht ohne männliche Begleitung näherte. Hinter ihm zu gehen und den Rand seines Gewandes zu berühren, erschien ihr unverfänglich, und sie hoffte wahrscheinlich, dass es niemandem auffallen würde. Sie hatte vor, schnell in der Menge unterzutauchen und nach Hause zu eilen, um nachzusehen, ob ein Wunder geschehen war.

Ihre Berührung würde ihn natürlich unrein machen. Doch wenn er die Macht hatte, sie zu heilen, hatte er vielleicht auch die Macht, eine von ihr weitergegebene Verunreinigung zu beseitigen, dachte sie sich vielleicht. Darauf musste sie es ankommen lassen. Sie hatte nichts, was sie Jesus geben konnte – kein Zeichen ihrer Wertschätzung, kein Geschenk, um ihre Dankbarkeit auszudrücken. Nur den Glauben, dass Jesus sie heilen konnte und würde.

Der Plan war also fertig. *Ich werde ihn um nichts bitten, nicht mit ihm reden und nicht ihn mich sehen lassen … aber wenn ich nur den Saum seines Gewandes berühren kann, werde ich vielleicht gesund.* Sie war im richtigen Moment am richtigen Ort.

Dies erinnert uns an Mutter Teresa und Prinzessin Diana, die sich nicht scheuten, die Hände von Leprakranken zu halten und Menschen mit Aids zu umarmen. Manchmal lassen wir eine Möglichkeit verstreichen, einen kranken und leidenden Menschen zu trösten, weil wir fürchten, wir könnten uns seine Krankheit einfangen.

Ihre Heilung. Als die Frau die Hand ausstreckte und damit den

Saum von Jesu Gewand streifte, hörte ihre Blutung sofort auf, und »sogleich versiegte die Quelle ihres Blutes« (Markus 5,29). Etwas veränderte sich physiologisch in ihrem Körper – es war so eindeutig, dass sie *fühlen* konnte, wie es geschah. Das war ein messbares, nachprüfbares Wunder. Sie wusste, dass sie nicht durch das Gewand an sich geheilt worden war, sondern durch dessen Träger.

Stellen Sie sich einen Moment lang vor, Sie hätten seit zwölf Jahren dasselbe Leiden. Seien es Kopfschmerzen, Zahnschmerzen, Rückenschmerzen, Unterleibsschmerzen, ein gebrochener Arm, eine offene Wunde – suchen Sie sich ein Leiden aus. Sie würden es merken, wenn es aufhören würde. Diese Frau *wusste* sofort, dass sie von ihrer Krankheit geheilt war. Wahrscheinlich hätte sie gern gerufen: »Preist den Herrn!« Doch aus Angst vor Zurechtweisung tauchte sie schweigend wieder in der Menge unter, wie sie es geplant hatte.

Doch Jesus wusste genau, dass sich diese Frau in der Menge befand. Er wusste auch, dass er berührt worden war, nicht nur von der Menschenmenge, sondern auch von einer bestimmten Hand, die seine Heilung begehrte. Er reagierte damit, dass er zuließ, dass seine Kraft von ihm ausging und sie heilte. Ohne sein Wissen und seine Zustimmung hätte sie nicht geheilt werden können, sie hätte ihm auch nicht auf magische Weise Kraft stehlen können. *Ihre Berührung konnte ihn nicht unrein machen – sie machte sie jedoch rein.*

Die Jünger hielten Jesu Frage, wer ihn berührt habe, für lächerlich, da sich die Menschen dicht um ihn drängten. Wenn ihn jemand absichtlich berührt hätte, wäre derjenige außerdem längst in der Menge verschwunden.

Doch Jesus wusste, dass jemand ihn berührt hatte, nicht weil er es körperlich spürte, sondern weil er fühlte, dass »Kraft ... von ihm ausgegangen war« (Markus 5,30). »Kraft« bedeutet »Energie« oder »Stärke«. In der englischen King-James-Übersetzung der Bibel steht hier der Begriff *virtue* [»Wert«]. Damit ist etwas äußerst Kostbares und Wertvolles gemeint. Auf keinen Fall war

Jesus davon geschwächt, dass er auf eine durch Glauben motivierte Berührung reagiert hatte.

Als Markus sagte: Sie hatte »vieles erlitten«, verwendete er ein Wort für *leiden*, das nur hier vorkommt und mit dem Jesus später seine eigenen Leiden ankündigt (V. 26; vgl. Markus 8,31; 9,12). Vielleicht kam Jesus beim Nachdenken über diese Frau in den Sinn, dass sie im Kleinen erlebt hatte, was er selbst in den kommenden Monaten zu ertragen hätte. Der »Leidensknecht«, wie Jesus in Jesaja beschrieben wird (vgl. Jesaja 52,13 – 53,13), identifizierte sich persönlich mit dieser leidenden Frau.

Der Frau war klar, dass sie entdeckt worden war. »Die Frau aber, voll Furcht und Zittern, da sie wusste, was ihr geschehen war, kam und fiel vor ihm nieder und sagte ihm die ganze Wahrheit« (Markus 5,33). Ihr Verhalten und ihre Körperhaltung zeigen, dass ihr genau bewusst war, dass sie die Grenzen des Anstands überschritten hatte. Doch Jesus machte ihr keine Vorwürfe, weil sie religiöse und kulturelle Sitten übertreten hatte. Indem er in der Öffentlichkeit mit ihr sprach, brach er selbst manche der erzwungenen rabbinischen gesellschaftlichen Tabus.

Warum machte er ihre Identität öffentlich?

Er rief sie hervor, um sie in der Gegenwart anderer Menschen zu ermutigen. Er wollte, dass alle in Hörweite ihre Geschichte – Krankheit, Leiden, Heilung – aus ihrem Mund hörten. »Er rief sie aus ihrem Versteck heraus und bestätigte sie als Persönlichkeit.«[25]

Eine öffentliche Heilung. Ein öffentliches Zeugnis.

Er rief sie auch zu sich, um ihr ihren Platz in der Gesellschaft zurückzugeben. »Nachdem er sie geheilt hatte, konnte er ihr jetzt helfen, ihren Platz in der Gesellschaft zurückzugewinnen und dabei Gott zu verherrlichen.«[26] Es würde kein Zweifel daran bestehen, dass sie jetzt rein war.

---

25 Alicia Craig Faxon, *Frauen im Neuen Testament. Vom Umgang Jesu mit Frauen* (München: J.Pfeiffer, 1979), S. 46.
26 Liz Curtis Higgs, *Really Bad Girls of the Bible* (Colorado Springs: Waterbrook, 2000), S. 246 [auf Deutsch erschienen unter dem Titel *Die wirklich bösen Mädchen der Bibel* (Gießen: Brunnen, 2003)].

Er sprach freundlich, liebevoll, zärtlich zu ihr: »*Tochter.*« Das ist das einzige Mal, dass berichtet wird, dass Jesus dieses Wort gebraucht, mit dem er sie zu seiner geistlichen Familie zählt. »Tochter, dein Glaube hat dich geheilt; geh hin in Frieden und sei gesund von deiner Plage« (V. 34). Ihr Glaube hatte sie gesund gemacht, und sie wurde dabei ein Teil von Gottes Familie. Die Umstehenden staunten darüber, dass der Meisterheiler und -lehrer dieser Frau, die auf einer so niedrigen gesellschaftlichen Stufe stand, solche Wertschätzung und Bestätigung entgegenbrachte.

Zudem brachte Jesus auch ihrer Seele die heilende Vergebung. Sie sollte »in Frieden hingehen«. Ihre Suche war vorbei, ihr Leiden war zu Ende, und ihre Seele konnte nun ruhen. Jesus ließ sie ganz wiederhergestellt zurück, an Körper und Seele.

Unsere Familie bezieht viele Zeitschriften, die sich mit Gesundheit und Wohlbefinden beschäftigen. In ihnen findet sich viel Wissen über Diäten, Sport und Nahrungsergänzungsmittel. Doch leider enthalten sie keine Informationen darüber, wie man die Seele gesünder machen kann. Als Jesus sagte: »Und fürchtet euch nicht vor denen, die den Leib töten, die Seele aber nicht zu töten vermögen; fürchtet aber vielmehr den, der sowohl Seele als Leib zu verderben vermag in der Hölle« (Matthäus 10,28), sprach er jedoch über den relativen Wert von Seele und Körper. Dieser Körper wird irgendwann einmal sterben, ob wir geheilt werden oder nicht, ob wir uns an die neuesten Ernährungs-Richtlinien halten oder nicht. Die Seele hat dagegen für alle Ewigkeit Bestand, entweder in Herrlichkeit oder im Elend.

In der Bibel werden nur zwei Wunder erwähnt, die an diesem Tag geschahen. Sicher haben auch viele andere Menschen Jesus berührt, aber wir wissen nicht, ob bei noch jemandem ein Wunder geschah. Vielleicht hatten sie die falschen Wünsche und Motive. Vielleicht stellte er sie auf die Probe. Jesus, der das Herz eines jeden Menschen kennt, traf die Entscheidung. Diese Frau wurde aus drei Gründen hervorgehoben: Sie war verzweifelt, sie wollte geheilt werden, und sie glaubte. »Es ist eine

Sache, ihn zu bedrängen, und es ist etwas ganz anderes, ihm zu vertrauen.«[27]

Jesus würdigte ihren zielgerichteten Glauben. Obwohl sie Angst hatte und von anderen Menschen vergessen worden war, zog sie die Aufmerksamkeit des Einzigen auf sich, der ihr helfen konnte. In ihrem Fall ging es um körperliche Blutungen, doch viele Frauen »bluten« heute emotional oder geistlich. Familie, Freunde und geistliche Ratgeber haben zu helfen versucht, doch den Betroffenen geht es nur immer schlechter. Ihre Wunden sind nie verheilt. Jahr für Jahr haben sie einen emotionalen Blutsturz. Für sie wie für diese Frau ist Jesus die einzige Hoffnung.

Und was ist mit denjenigen, die nicht körperlich geheilt werden, obwohl sie sich genauso darum bemühen wie diese Frau im Markus-Evangelium? Joni Eareckson Tada ist infolge eines Tauchunfalls im Jahre 1967 querschnittsgelähmt. Durch Bücher und den Besuch von Heilungsgottesdiensten wurde sie in ihrem Wunsch nach Heilung bestärkt. Den Abschnitt, den sie für sich in Anspruch nahm, war das Versprechen, das Jesus dem Kranken am Teich Bethesda gab. Jesus sagte zu ihm ganz nüchtern: »Steh auf, nimm dein Bett auf und geh umher« (Johannes 5,8). Und der Mann wurde geheilt.

Trotz ihrer zahllosen Gebete und dem Besuch von Heilungsgottesdiensten wurde Joni nie geheilt. Dreißig Jahre später besuchte sie Israel und den Teich Bethesda. Dort dankte sie Gott dafür, dass er ihre Gebete um Heilung nicht erhört hatte. »Ich dankte Gott«, sagte sie, »weil ich seine Nähe nie so erlebt hätte wie in den vergangenen dreißig Jahren in diesem Rollstuhl.«

Nicht alle von uns werden körperlich und emotional geheilt, wenn wir zu Jesus kommen. Doch uns allen wird geholfen. Unsere Seele wird gesund gemacht und unsere Hoffnung auf den Himmel bestätigt. Jesus spricht zu allen Frauen, die heute

---

27 Warren Wiersbe, *The Bible Exposition Commentary*, Bd. I, Mark (Wheaton: Victor Books, 1992), S. 127.

leiden, und sagt:»Ich will *dich* als meine Tochter.« Die Einladung, Teil seiner Familie zu werden, gilt für alle.

Niemand bleibt nach einer Begegnung mit Jesus derselbe. So lautet sein Versprechen:

»Kommt her zu mir, alle ihr Mühseligen und Beladenen, und ich werde euch Ruhe geben. Nehmt auf euch mein Joch und lernt von mir, denn ich bin sanftmütig und von Herzen demütig, und ihr werdet Ruhe finden für eure Seelen; denn mein Joch ist sanft, und meine Last ist leicht« (Matthäus 11,28-30). Dem, der sich im Glauben ausstreckt, gibt Jesus Trost, Kraft und die Gewissheit seiner Gegenwart.

Für Jesus gibt es keine Menschenmassen, nur Individuen mit bestimmten Namen, Gesichtern und Bedürfnissen.

Die Tochter, die starb

Ein weiterer Grund, weshalb Jesus öffentlich mit der geheilten Frau sprach, war möglicherweise, dass er den Glauben von Jairus stärken wollte, der noch immer neben ihm stand. Es war diesem Synagogen-Vorsteher nicht leichtgefallen, zu Jesus zu kommen. Jesus sagte und tat vieles, was Pharisäer, Synagogen-Vorsteher und Gesetzeslehrer beleidigte. Diese Gruppe religiöser Führer hatte ihm sogar vorgeworfen, Gott zu lästern und gemeinsame Sache mit der dunklen Seite der Unterwelt zu machen.

Zweifellos hatte Jairus die Hilfe und Weisheit der angesehensten Ärzte für seine Tochter in Anspruch genommen. Doch er war ein verzweifelter Vater. Er entschied, dass es besser war, den Zorn und Sarkasmus seiner Kollegen auf sich zu ziehen, als sich die Gelegenheit entgehen zu lassen, Jesu Macht mitzuerleben. Seine Tochter lag im Sterben; die Meinung anderer Menschen zählte einfach nicht.

Der Bericht ist dramatisch. Während Jesus noch zu der frisch geheilten Frau sagt:»Geh hin in Frieden«,»kommt einer von dem Synagogenvorsteher und sagt zu ihm: Deine Tochter ist gestorben, bemühe den Lehrer nicht« (Lukas 8,49).

Was für eine vernichtende Nachricht!

»Doch Jesus ging über ihre Worte hinweg und sagte zu Jairus: ›Hab keine Angst. Glaube nur‹« (Markus 5,36; Übertragung »Neues Leben«). Jetzt stand Jairus vor der Wahl: Sollte er den Worten des Boten glauben – oder sollte er Jesu Worten glauben? Er hatte Glauben gezeigt, indem er zu Jesus gekommen war, und nun forderte Jesus ihn auf, »weiter zu glauben«. Natürlich fiel es ihm leichter, Jesus zu vertrauen, als seine Tochter noch am Leben war. Der Tod hat so etwas Endgültiges. Ein krankes Kind gesund zu machen, ist eine Sache – ein Kind von den Toten aufzuerwecken, ist eine ganz andere Sache. Wenn Jesus sich nur beeilt hätte, statt Zeit mit der Frau zu verbringen, die seine Reise unterbrochen hatte …

Doch für Jesus gibt es keine Unterbrechungen, nur göttliche Termine. Er hatte vor, für Jairus ein noch größeres Wunder zu tun als für die Frau.

»*Jesus ging über ihre Worte hinweg …*« (V. 36; Übertragung »Neues Leben«).

In diesen Worten liegt sehr viel Weisheit. Manchmal müssen wir über die Kommentare und den Rat derjenigen hinweggehen, die uns vom Weg abbringen würden. Auf welche Stimme wir hören, bestimmt, in welche Richtung wir gehen.

Entscheiden wir uns dafür, über verachtende Worte, herabsetzende Worte und entmutigende Worte hinwegzugehen! Worte eines wütenden Elternteils oder Ehegatten oder Freundes. Negative Worte. Sarkastische Worte. Ungläubige Worte von denen, die Gott in einer schwierigen Situation nicht erkennen können. Worte des Unglaubens und der Verurteilung. Solche Worte können unserer Seele schaden.

Jairus war nicht nur verzweifelt, weil er vom Tod seiner Tochter gehört hatte, sondern auch, weil die Trauerrituale schon begonnen hatten. Jesus erkundigt sich nach dem Grund für das

Jammern: »Was lärmt und weint ihr? Das Kind ist nicht gestorben, sondern es schläft« (Markus 5,39).

Warum behauptete Jesus, dass das Mädchen schlief, wenn das Kind doch tot war? Jesus verwendet das Wort *schlafen*, nicht weil die Seele schläft, wie manche dachten, sondern weil der Körper bis zum Tag der Auferstehung schläft. Seele und Geist kommen zu Gott in den Himmel, aber der Körper schläft und wird am Jüngsten Tag auferweckt.

Dasselbe sagte Jesus über Lazarus: »Lazarus, unser Freund, ist eingeschlafen; aber ich gehe hin, um ihn aufzuwecken« (Johannes 11,11). Wir alle haben erlebt, dass wir manchmal todmüde und dankbar für die Ruhezeit ins Bett fallen. Wir haben keine Angst vor dem Schlaf, denn wir sind uns sicher, dass wir erfrischt wieder aufwachen werden. Genauso brauchen wir keine Angst vor dem Tod haben, denn am Ende werden wir durch Jesu Wort auferweckt werden. In seiner Gegenwart schlafen die Toten nur und warten auf die Auferstehung.

Jesus wollte damit sagen, dass dieses Mädchen nicht auf Dauer tot war. Es »schlief«, und er würde es aufwecken, nicht am Jüngsten Tag der Auferstehung, sondern gleich *jetzt*. Die Umstehenden lachten, weil sie nicht begriffen, wer in ihrer Mitte stand. In Jesu Gegenwart ist nichts unmöglich.

Jesus wollte aus dem Wunder kein Schauspiel machen und bestand darauf, dass alle anderen draußen warteten, während er die Eltern des Kindes und ein paar Jünger mit in das Zimmer des Mädchens nahm. Markus ging Jesu ursprüngliche Wortwahl nicht aus dem Kopf. Deshalb behielt er das aramäische Original bei und übersetzte es dann für seine griechischen Leser. Wir lesen: »Und als er das Kind bei der Hand ergriffen hatte, spricht er zu ihm: Talitha kumi!, das ist übersetzt: Mädchen, ich sage dir, steh auf! Und sogleich stand das Mädchen auf und ging umher … Und sie erstaunten mit großem Erstaunen« (Markus 5,41-42).

Und das zu Recht!

Hier sehen wir den Gegensatz zwischen der Verzweiflung der Trauernden und der Hoffnung, die Jesus brachte. Die Überbringer der schlechten Nachricht sagten, Jesus käme zu spät. Doch Jesus kommt immer rechtzeitig, wie es dem göttlichen Plan entspricht. Egal, wie hoffnungslos die Situation ist: Er spricht tröstende und kraftvolle Worte. Jesus war ruhig und beherrscht, während die Menschenmenge unkontrolliert weinte.

Am Sarg in einem Beerdigungsinstitut haben wir den Unterschied zwischen einer Familie, die Jesus vertraut, und einer, die dies nicht tut, erlebt. Die eine Familie hat Hoffnung inmitten der Tränen; für die andere bleibt nur Trauer ohne Trost. Kein Wunder, dass Paulus schrieb, wir sollten »nicht betrübt [sein] wie auch die Übrigen, die keine Hoffnung haben« (1. Thessalonicher 4,13). Die Heiden sagten über die frühen Christen: »Sie tragen ihre Toten wie in einem Triumphzug.«

In Jesu Gegenwart können wir dem Tod zuversichtlich gegenübertreten. »Wenn Gott unser Verbündeter ist, können wir der schlimmsten Trübsal tapfer und mutig ins Auge sehen und mit ihr fertig werden. Die Trauergäste verlachten Jesus, weil sie seine Zuversicht für töricht hielten und seine Ruhe für einen Irrtum.«[28]

Diese beiden Geschichten erinnern uns daran, dass Jesus Macht über das hat, was wir am meisten fürchten: Krankheit und Tod. Die meisten von uns leiden an einer körperlichen Krankheit, und wenn nicht, wird das ziemlich sicher noch kommen. Noch gewisser ist, dass wir alle sterben werden. Es ist ganz natürlich, dass man sich fragt, was auf der anderen Seite des geteilten Vorhangs liegt.

Jesu Wunder während seiner Zeit hier auf der Erde waren wunderbar, aber sie haben die Welt nicht verändert. Jeder, den er heilte, wurde irgendwann einmal krank und starb. Was die Welt – und unser Leben in dieser Welt – verändert hat, sind sein Tod und seine Auferstehung, die allen, die an ihn glauben, ewiges Leben verheißen. An Lazarus' Grab sagte er: »Ich bin die Auferstehung und das Leben; wer an mich glaubt, wird leben, auch

---

28 William Barclay, *Markusevangelium* (Neukirchen-Vluyn: Aussaat, 1972), S. 126.

wenn er stirbt; und jeder, der lebt und an mich glaubt, wird nicht sterben in Ewigkeit. Glaubst du dies?«(Johannes 11,25-26)

Ja, manchmal kommt es zu keiner Heilung, und junge Menschen sterben viel zu früh. Unsere Gebete werden nicht erhört. Häufig wissen wir nicht, was Gott mit tragischen Situationen bezwecken will. Doch etwas können wir sicher wissen: Mit Schmerz und Leiden will Gott unsere Aufmerksamkeit gewinnen, damit wir lernen, ihm auch dann zu vertrauen, wenn wir ihn nicht verstehen können. »Wir rühmen uns auch der Trübsale, da wir wissen, dass die Trübsal Ausharren bewirkt, das Ausharren aber Bewährung, die Bewährung aber Hoffnung; die Hoffnung aber beschämt nicht, denn die Liebe Gottes ist ausgegossen in unsere Herzen durch den Heiligen Geist, der uns gegeben worden ist« (Römer 5,3-5).

Durch unser Leiden hindurch ist Jesus der Sieger über Krankheit und Tod und lädt uns ein, an seinem Sieg teilzuhaben. »Ich bin ... der Lebendige, und ich war tot, und siehe, ich bin lebendig von Ewigkeit zu Ewigkeit und habe die Schlüssel des Todes und des Hades« (Offenbarung 1,17.18).

Ein Gebet

Vater, hilf mir zu erkennen, dass ich dir als Mensch wichtig bin, als jemand mit einem Namen und einem konkreten Bedürfnis. Danke für die Gewissheit, dass ich dir vertrauen kann, dass du die Zusagen in deinem Wort halten kannst. Schenk mir den Glauben, auch dann auf deine liebevolle Gegenwart zu vertrauen, wenn ich körperliche Schmerzen habe oder unglücklich bin. Schenk mir den Glauben der Frau, die dich berührt hat und geheilt wurde. In Jesu Namen, Amen.

＋＞

Die Schriftgelehrten und die Pharisäer aber bringen eine Frau zu ihm, im Ehebruch ergriffen, und stellen sie in die Mitte und sagen zu ihm: Lehrer, diese Frau ist im Ehebruch, bei der Tat selbst, ergriffen worden. In dem Gesetz aber hat uns Mose geboten, solche zu steinigen; du nun, was sagst du? Dies aber sagten sie, um ihn zu versuchen, damit sie etwas hätten, um ihn anzuklagen. Jesus aber bückte sich nieder und schrieb mit dem Finger auf die Erde. Als sie aber fortfuhren, ihn zu fragen, richtete er sich auf und sprach zu ihnen: Wer von euch ohne Sünde ist, werfe zuerst einen Stein auf sie. Und wieder bückte er sich nieder und schrieb auf die Erde. Als sie aber dies hörten, gingen sie einer nach dem anderen hinaus, anfangend von den Ältesten bis zu den Letzten; und Jesus wurde allein gelassen mit der Frau in der Mitte. Als Jesus sich aber aufgerichtet hatte und außer der Frau niemand sah, sprach er zu ihr: Frau, wo sind sie, deine Verkläger? Hat niemand dich verurteilt? Sie aber sprach: Niemand, Herr. Jesus aber sprach zu ihr: Auch ich verurteile dich nicht; geh hin und sündige nicht mehr!
Johannes 8,3-11

＋＞

Jesus begegnet
einer Ehebrecherin

Shari, eine gute Freundin von uns, wuchs in einer »christlichen« Familie mit einem Vater auf, der oft jähzornig, barsch, herrschsüchtig und beleidigend war. Sie heiratete, ehe sie zwanzig war, um ihrer Familie zu entkommen. Doch es stellte sich heraus, dass ihr Mann unehrlich und untreu war. Als die Ehe zu Ende war, durchlebte Shari viele schlimme Probleme, doch ihr Glaube an Gottes Liebe und Fürsorge war in alldem unerschütterlich. Ihre Liebe zu Jesus war offensichtlich, und sie sprach offen mit anderen Menschen über ihren Glauben. Sie sehnte sich nach einem freundlichen, sanften, geduldigen Mann, der seinen Glauben sichtbar lebte. Doch weil sie es anderen Menschen immer recht machen wollte, war Shari manchmal nicht in der Lage, den wahren Charakter eines Menschen richtig einzuschätzen.

Nach einigen Jahren ließ sich Shari in einer Kleinstadt im Südwesten nieder. Sie arbeitete mit einem Wanderprediger auf dem Land zusammen. Seine mitreißende Persönlichkeit, sein Bibelwissen und seine Fähigkeit, bekannte Autoren zu zitieren, zogen sie an. Er wurde wiederum von ihrem fröhlichen Wesen und ihrem Interesse an Diskussionen über die biblische Lehre angezogen. Sie verbrachten Zeit miteinander und unterhielten sich gern über verschiedene Bibelstellen und Lebensfragen. Shari fing an, für ihre Beziehung zu beten. Er war genau die Art von Mann, der ihr gefiel – freundlich, nachdenklich, aufmerksam und geistlich eingestellt. Sollte dieser Junggeselle der richtige Mann für sie sein?

Fast unmerklich fing der Prediger an, Bemerkungen zu machen, die bestenfalls etwas unangebracht waren. Als Shari dies peinlich war und sie ihn deswegen zur Rede stellte, schob er seinen Kommentaren eine geistliche Bedeutung unter. Wie konnte Shari an seiner Aufrichtigkeit, seiner Frömmigkeit und seinen überzeugenden Worten zweifeln? Schließlich bat er sie, ihre Liebe und Hingabe zu beweisen, indem sie mit ihm schlief. Shari wusste, dass das falsch war, aber sie war durcheinander. So viele Dinge schienen bei diesem Mann zu passen, und inzwischen hatte er ihr Herz gewonnen. Er bedrängte sie immer weiter mit seinen Überredungsversuchen, und letzten Endes erlag sie der gegenseitigen Anziehungskraft.

Shari wusste sofort, dass sie gesündigt hatten; sie wusste, dass sie ihrem Herrn Kummer bereitet hatte und dass sie die Beziehung zu diesem Mann beenden musste. Einige Tage später fand sie heraus, dass sie eine von mehreren Frauen war, die dieser Mann auf dieselbe Weise und mit denselben Folgen umworben hatte. Sie fühlte sich schuldig, dreckig und gedemütigt. Sie ging zu einem anderen Pastor zur Seelsorge, bat Gott um Vergebung und strebte eine Versöhnung mit Freunden und Familie an.

Wie die Frau, die vor Jesus gebracht wurde, lernte Shari auf schmerzhafte Weise etwas über Betrug, über Gottes Vergebung und darüber, was es heißt, »hinzugehen und nicht mehr zu sündigen«.

Eine Frau, die Ehebruch begangen hat, hat ihr Herz betrogen. Die Frau aus Johannes 8 hatte einem Mann Macht gegeben, der sie wahrscheinlich benutzt und manipuliert hatte. Und jetzt war das Geheimnis für alle Augen sichtbar. Vor ihren Anschuldigern wurde sie rot vor Scham.

Wir können uns ihre Geschichte zusammenreimen. Sie ist schon tausendmal erzählt worden. Vielleicht war ihr Ehemann grausam und misshandelte sie. Damals wurde eine Frau als das Eigentum ihres Mannes betrachtet, demnach konnte er sich von ihr scheiden lassen, weil ihr das Brot angebrannt war! Sie ertrug seine Schläge und seine Lieblosigkeit, weil es keinen Ausweg gab.

Einsam. Ungeliebt. Ihr Herz verleitete sie zu dem Gedanken,

in den Armen eines anderen Mannes könne sie Liebe und Geborgenheit finden. Das Gesetz des Mose untersagte jedoch eine solche Handlung, und die Strafe war erschreckender als gelegentliche Prügel. Die Strafe für Ehebruch war die Steinigung. Gegen ihre Einwände wurde die Frau mit schamrotem Gesicht in den Tempelbezirk gezerrt. Diese Männer waren darauf aus, sie zu benutzen, um Jesus hereinzulegen, damit sie ihn einer Sünde bezichtigen konnten. Sie waren bereit, die Schande dieser Frau für ihre eigenen bösen Zwecke auszunutzen. Sie hassten Jesus und hofften, ihn zu Fall bringen zu können.

Durch seine Botschaft und seine Wunder hatte Jesus viele Anhänger gewonnen, die ihn für einen Propheten oder sogar für den Messias hielten. Seine Lehre widersprach den Traditionen der Schriftgelehrten und Pharisäer, und die Aussagen, die er über sich selbst traf, verwirrten selbst die weisesten unter ihnen. Dass sich dieser »Sohn eines Zimmermanns« so gut in der Heiligen Schrift auskannte, ärgerte die religiösen Führer. Über seine atemberaubende Vollmacht waren sie erstaunt. Sie beneideten ihn um seine Anhänger und kamen deshalb häufig mit Fangfragen oder komplizierten Fällen zu ihm, mit denen sie ihn hereinlegen wollten. Nichts hätten sie lieber gesehen, als wie er verhaftet und umgebracht wird.

Die Männer wussten, dass Jesus sich im Tempelbezirk aufhielt, und brachten daher die beschuldigte Frau dorthin. Jesus saß und lehrte im Innenhof, als er plötzlich abgelenkt wurde: »Die Schriftgelehrten und die Pharisäer aber bringen eine Frau zu ihm, im Ehebruch ergriffen, und stellen sie in die Mitte und sagen zu ihm: Lehrer, diese Frau ist im Ehebruch, bei der Tat selbst, ergriffen worden. In dem Gesetz aber hat uns Mose geboten, solche zu steinigen; du nun, was sagst du? Dies aber sagten sie, um ihn zu versuchen, damit sie etwas hätten, um ihn anzuklagen« (Johannes 8,3-6).

An dieser Stelle müssen wir anmerken, dass diese Geschichte in einigen der frühesten Manuskripte des Neuen Testaments nicht enthalten ist. Es lässt sich darüber streiten, ob sie in das

Johannes-Evangelium hätte aufgenommen werden sollen. Doch fast alle Wissenschaftler gestehen ein, dass die Geschichte gut in den Erzählzusammenhang passt und im Einklang mit Jesu Handlungen und seiner Lehre steht. Mit anderen Worten: Wir können uns sicher sein, dass dieses Ereignis wirklich passiert ist, ob es nun in den Originalmanuskripten enthalten war oder nicht.

Augustinus behauptet, bestimmte Personen hätten diesen Bericht aus ihren Manuskripten entfernt, weil sie fürchteten, Frauen würden ihn als Entschuldigung für ihre Untreue anführen. Es sei befürchtet worden, die Worte »Auch ich verurteile dich nicht« könnten als Erlaubnis zum Sündigen benutzt werden. Doch Gnade läuft immer Gefahr, missbraucht zu werden. Es ist eine Geschichte der Hoffnung für Sünder – und keine Ausrede dafür, unsere Sünden auf die leichte Schulter zu nehmen.

Wenn wir uns nun näher mit diesem Drama beschäftigen, achten Sie auf den verblüffenden Unterschied zwischen Jesus und den eifrigen Anklägern der Frau. Er schickt die Frau mit Vergebung fort, und ihre Ankläger sind diejenigen, die sich beschämt davonschleichen. Großartig! Eine mitfühlende, aber raffinierte Wende der Ereignisse.

Ihre Ankläger

Die Pharisäer kannten sich gut damit aus, das Gesetz des Mose auszulegen. Sie sorgten für diesen Zwischenfall in der Hoffnung, Jesus dadurch in die »Zwickmühle« zu bringen. Dass sie diese Frau vor ihn in den Tempel schleppten, während er lehrte, sollte sowohl die Frau als auch Jesus öffentlich bloßstellen. Es war die perfekte Gelegenheit, um ihn bei seinen Anhängern in Verruf zu bringen.

Möglicherweise waren diese Männer Mitglieder des Hohen Rats, und sie wollten sie zur Verurteilung vor dieses Gremium bringen. Vielleicht war ihre Verhaftung von der Tempelpolizei angeordnet. Eines ist sicher: Sie brachten sie mit der Absicht zu Jesus, ihn lächerlich zu machen. Wenn er, wie behauptet, die Vollmacht hatte zu richten, war das ein Fall für ihn. Dies war eine direkte Konfrontation.

Bedenken Sie das Dilemma: Jesus müsste entweder das Gesetz des Mose missachten (das wäre der Fall, wenn er sagen würde:»Steinigt sie nicht«), oder er müsste das römische Gesetz missachten, das besagte, dass die Juden keine Befugnis hatten, jemanden hinzurichten. Wenn Jesus auf der Steinigung der Frau bestünde, würde er außerdem seinen Ruf als barmherziger und mitfühlender Mensch verlieren.

Jesus befand sich also in einer »Zwickmühle«. Entweder musste er sich gegen Gottes Gesetz oder gegen das römische Gesetz stellen. In beiden Fällen könnte man ihn verurteilen. Es war eine Fangfrage, die ihn dumm dastehen lassen sollte. Denn wir lesen:»Dies aber sagten sie, um ihn zu versuchen, damit sie etwas hätten, um ihn anzuklagen« (V. 6).

Sie hofften wahrscheinlich, er würde ihnen befehlen, sie *nicht* zu steinigen. In diesem Fall könnten sie ihm vorwerfen, gegen das Gesetz des Mose zu verstoßen. Bedenken Sie dabei, dass es ihnen egal war, was mit dieser Frau geschah – es ging ihnen nur darum, einen Grund für eine Anklage gegen Jesus zu finden. Er – nicht die Frau – war von ihnen als das eigentliche Opfer ausersehen worden.

Der Gedanke, dass man das Gesetz halten und gleichzeitig aufbauend und mitfühlend sein sollte, kam ihnen nie in den Sinn. Sie wollten sicherstellen, dass jeder Rechtsbrecher den letzten Cent für seine Sünde bezahlte. Sie waren auf Strafe ohne Vergebung eingestellt. Sie hatten vor, Jesus umzubringen; und damit waren sie eines viel schlimmeren Verbrechens schuldig als des Ehebruchs, den sie dieser unglücklichen Frau zur Last legten. Doch verhärtete Herzen interessieren sich nicht für die Wahrheit, sondern nur dafür, ihre eigene Version derselben kundzutun.

Vergessen wir nicht, dass die größten Sünder häufig die größten Ankläger sind.

Diese fromme Gruppe war stolz auf ihre Gerechtigkeit, doch es war eine abscheuliche Art von Gerechtigkeit. Da die menschliche Natur nun einmal so ist, wie sie ist, steigt die Wahrscheinlichkeit, dass jemand über andere richtet, mit dem Maß, wie schlecht und verdorben er selbst ist. Je unehrlicher er ist, desto eher vermutet er bei anderen eine Lüge. Je unmoralischer er ist, desto eher wird er bei anderen Unmoral wittern. Denken Sie an all jene, die ihre eigene Schlechtigkeit dahinter verbergen, dass sie mit großem Eifer andere Menschen verurteilen.

Manche Frau ist ausgerechnet von jenen Männern missbraucht worden, die am besten lange Gebete sprechen und aus der Bibel zitieren konnten. Andererseits sind diejenigen, die sich ihrer eigenen Sündhaftigkeit am meisten bewusst sind, am zurückhaltendsten, wenn es darum geht, andere zu verurteilen oder auszunutzen. Ja, sie richten, wenn es nötig ist, aber das tun sie schweren Herzens und mit einem Geist, der sich selbst prüft und fragt: »Bin ich es?« Sie wissen, dass sie genauso dazu fähig sind, das zu tun, was andere getan haben.

Die Frau und ihre Schande

Die Schande und Angst, die sie über diese Frau brachten, bedeutete diesen Männern nichts. Es kann sogar sein, dass sie gezwungen wurde, unbekleidet zu erscheinen. Für die Männer war sie ein *Ding*, das sie für ihre eigenen Zwecke benutzten – in ihrem Plan, Jesus zu vernichten, war sie ein »Bauernopfer«. Als sie da vor diesen Gaffern kauerte – unfähig, ihnen in ihre bösen Augen zu blicken –, spürte sie, wie demütigend dieser Scheinprozess war. Es gab keine Barmherzigkeit für sie.

Falls sie wütend war, war sie es zu Recht. Wo war der Mann? Da sie behaupteten, diese Frau auf frischer *Tat* beim Ehebruch ertappt zu haben, müssen sie gewusst haben, wer der Mann war.

Wenn sie das Gesetz des Mose wirklich hätten befolgen wollen, hätten sie die Frau *und den Mann* zu Jesus gebracht, um beide zu steinigen.

Diese Frau spürte also deutlich, wie ungerecht alles war, als sie ihren Anklägern allein in Schande und Verlegenheit gegenüberstand. Vielleicht war ihr sogar irgendwie klar, dass sie eigentlich nur deshalb jetzt dort war, weil Jesus zu Fall gebracht werden sollte.

Jesu Reaktion

Sämtliche Augen und Ohren waren auf Jesus gerichtet. Mit seiner Weigerung, eine schnelle Antwort zu geben, verblüffte Jesus die Umstehenden. »Jesus aber bückte sich nieder und schrieb mit dem Finger auf die Erde« (V. 6).

Es gibt verschiedene Erklärungen dazu, was Jesus geschrieben haben könnte. Manche sagen, er schrieb die Namen der Männer, die diese Frau zu ihm gebracht hatten. Es wurde auch behauptet, dass er eine an die Ankläger der Frau gerichtete Warnung schrieb. Ein Verfasser meint, dass Jesus einfach herumkritzelte, weil er an solchen Fragen nicht interessiert war. Schließlich war er nicht gekommen, um zu richten, sondern um zu retten.

William Barclay nennt eine etwas andere Möglichkeit. »Es kann gut sein, dass der anzügliche, lüsterne Gesichtsausdruck der Schriftgelehrten und Pharisäer, zusammen mit der düsteren Grausamkeit in ihren Augen, der lüsternen Neugier der Menge und der Schande der Frau Jesus so schmerzte und zu Mitleid bewegte, dass er seine Augen verbarg.«[29] Der Gegensatz zwischen diesen Männern und Jesus sticht ins Auge. Sie waren voll unheiliger Begeisterung, verfolgten diese Anklage mit Leidenschaft, waren bestrebt, Jesus in die Falle tappen zu sehen. Jesus dagegen war ruhig, gefasst und mitfühlend statt verurteilend.

---

29 William Barclay, *The Gospel of John*, Bd. 2 (Edinburgh: St. Andrews Press, 1955), S. 3.

Auch wenn wir nicht wissen, was Jesus schrieb, kann man sagen, dass diese Handlung den Ereignissen zusätzliche Dramatik verlieh. Da er sich mit der Antwort Zeit ließ, ist klar, dass alle um ihn herum atemlos darauf warteten, was er wohl sagen würde. Es gab Jesus auch die Möglichkeit, dieser selbstgerechten Gruppe zu vermitteln, was sie wissen musste: Ihre Schuld war größer als die Schuld der Frau.

Keine Steine mehr

Die Stimmung war spannungsgeladen und unangenehm. Die Männer wurden ungeduldig, aufgeregt, während sie ihn weiter mit Fragen bedrängten. Wir können uns vorstellen, dass sie fragten: »Und, was sagst du … hältst du es hier mit Mose? Oder stimmst du dem römischen Gesetz zu?« Sie glaubten, sie hätten ihn in eine Ecke gedrängt – hier könnte er sich auf keinen Fall herauswinden. Und sollte er gar nicht antworten, könnte man ihn als Feigling darstellen. Doch Jesus gab keine schnelle Antwort. »In einem heiligen Schweigen liegt oft eine Kraft, die keine noch so gewandten Worte haben.«[30]

Schließlich erhob sich Jesus, um zu sprechen. Sein durchdringender Blick sah ihnen direkt ins Herz. »Wer von euch ohne Sünde ist, werfe zuerst einen Stein auf sie.« Genialerweise hob er das Gesetz des Mose nicht auf, … *er forderte sie sogar auf, sie zu steinigen.* Die einzige Bedingung war, dass der Mann, der den ersten Stein warf, nicht *derselben* Sünde schuldig war, ob in Gedanken oder in Taten. Die Antwort war brillant! Es war eine Antwort, wie nur Jesus sie geben konnte.

Mit dieser Aussage berief sich Jesus auf ein Gesetz, das besagte, dass diejenigen, die ein todeswürdiges Verbrechen anzeigten, die Steine werfen sollten (5. Mose 17,7). Die logische Folge ist, dass nur derjenige das Recht hat, andere zu verurteilen,

---

30 David Thomas, *Gospel of John* (Grand Rapids: Kregel Publications, 1980), S. 219.

der selbst nicht derselben Sünde schuldig ist. Diese Männer verfingen sich genau in jener Falle, die sie Jesus gestellt hatten. Während seine Worte ihr beabsichtigtes Ziel trafen, bückte sich Jesus wieder und schrieb auf die Erde. Bei diesen vor Selbstgerechtigkeit blinden Männern erwachte für einen Moment das Gewissen. »Als sie aber dies hörten, gingen sie einer nach dem anderen hinaus, anfangend von den Ältesten bis zu den Letzten; und Jesus wurde allein gelassen mit der Frau in der Mitte« (V. 9). Als Jesus forderte, dass diejenigen, die diese Frau steinigen würden, unschuldig sein sollten, erinnerte sich jeder Mann an seine eigene Unmoral.

Als die jüngeren Männer die älteren mit gesenktem Haupt weggehen sahen, beschlossen sie, ihnen zu folgen. Sie merkten, dass sie die Steine, die sie so eifrig gesammelt hatten, nicht aufheben konnten. Wir können uns bildlich vorstellen, wie sie still weggingen, einer nach dem anderen, vom Ältesten bis zum Jüngsten, bis sie alle fort waren. Diese Geschichte heißt normalerweise »Jesus und die Ehebrecherin«, doch man könnte ihr ebenso gut den Titel »Jesus und die Ehebrecher« geben.

Sie gingen weg, weil sie erledigt waren. Sie erhielten von Jesus keine Antwort, mit der sie ihn anzeigen konnten. Ihnen wurde, zumindest kurzzeitig, ihre eigene Sündhaftigkeit bewusst. Von Gewissensbissen geplagt, konnten sie nicht in der Gegenwart dieser Frau und in der Gegenwart von Jesus bleiben, der sie nur zu gut kannte. Hätten sie für die in ihren eigenen Herzen aufgedeckte Heuchelei Buße getan, hätte das der Moment ihrer Errettung sein können.

Doch ihre Herzen waren so hart wie die Steine, die sie so gerne hatten werfen wollen.

Jesus und die Frau

Während dieser Ereignisse war die Menschenmenge am Rand stehen geblieben. Im griechischen Text heißt es, dass die Frau, nachdem die Männer fortgegangen waren, »in der Mitte« vor Jesus gestanden sei. Das würde bedeuten, dass andere, die dieses Drama miterlebt hatten, das Ende abwarteten. Zweifellos hörten viele das folgende Gespräch zwischen Jesus und der Frau mit an.

Als Jesus sich aber aufgerichtet hatte und außer der Frau niemand sah, sprach er zu ihr: Frau, wo sind sie, deine Verkläger? Hat niemand dich verurteilt? Sie aber sprach: Niemand, Herr. (Johannes 8,10-11)

Natürlich wusste Jesus, dass ihre Ankläger zum Schweigen gebracht worden waren. Doch er wollte ihr versichern, dass sie wirklich nicht mehr von den religiösen Führern verurteilt werden würde, die das Recht und die Macht hatten, sie zu steinigen. Er wollte sie wissen lassen, dass sie sich vor ihnen nicht zu fürchten brauchte. Er wollte sie außerdem wissen lassen, dass er in der Lage war, ihr die Vergebung zu gewähren, die sie dringend brauchte.

Auch ich verurteile dich nicht; geh hin und sündige nicht mehr! (Johannes 8,11)

Dies waren die süßesten Worte, die diese Frau je vernommen hatte. Nicht einfach irgendein Mann, sondern Jesus, der Herr, hatte die Verdammnis von ihrem Herzen genommen. Er hielt sie nicht für unbrauchbar für das Reich Gottes, falls sie Buße tat. Für ihn war sie nicht nur ein Ding, sondern ein Mensch, der etwas wert war. Sie war in diesem Leben etwas wert, und ganz sicher war sie auch in dem kommenden Leben etwas wert. Was ihre Ankläger anging: »Diese wollten verdammen, Jesus aber wünschte zu vergeben.«[31] Diese Frau wusste, dass sie vor dem Einen stand, der die Vollmacht hatte, die Worte der Vergebung und Reinigung zu sprechen.

---

31 William Barclay, *Johannesevangelium*, Bd. II (Neukirchen-Vluyn: Aussaat, 1970), S. 73-74.

Jesus hieß ihr Verhalten nicht gut. Er begriff, wie schwerwiegend ihre Sünde war. Aus moralischer Sicht sollte sie verurteilt werden, doch aus rechtlicher Sicht ließ er sie frei. Ihr Gewissen war gereinigt, und sie hatte eine Beziehung zu Gott aufgenommen. »Er ist nicht gekommen, um Körper zu Tode zu steinigen, sondern um Seelen das Leben zu geben.«[32]

Seine Worte »geh hin und sündige nicht mehr« bedeuteten, dass ihre Vergangenheit hinter ihr lag und nun von ihr erwartet wurde, dass sie in Zukunft ein anderes Leben führte. »Lass das Vergangene vergangen sein; lass deine Vergangenheit in Vergessenheit geraten; lass Tugend deine Zukunft krönen.«[33] Sie verließ den Tempelbezirk mit dem Licht des Himmels auf dem Gesicht. Jesus wusste, dass gnädige Vergebung uns motiviert, ein gutes Leben zu führen.

Der Gott der zweiten Chance

Die Geschichte dieser Frau war, wie die unsrige, noch nicht zu Ende. Wir wissen nicht, wie sie den Rest ihres Lebens verbrachte, doch wir wissen, dass sie das Geschenk der zweiten Chance erhalten hatte.

Jesus konnte ihr Vergebung gewähren, weil er auf dem Weg zum Kreuz war. Bald würde er für die Sünder, einschließlich dieser Frau, sterben. Dort würde ihre Schande, wie auch die unsrige, weggenommen werden. »Lasst auch uns … laufen …, hinschauend auf Jesus, den Anfänger und Vollender des Glaubens, der, *die Schande nicht achtend*, für die vor ihm liegende Freude das Kreuz erduldete und sich gesetzt hat zur Rechten des Thrones Gottes« (Hebräer 12,1-2; Hervorhebung hinzugefügt). Jesus ertrug die Schande, damit wir von ihrem Makel und ihrer Macht frei werden. Niemand braucht sich von einer Vergangenheit fes-

---

32 Thomas, *Gospel of John*, S. 220.
33 Ebd.

seln zu lassen, die von dem Gesetzgeber und Richter des Universums vergeben worden ist.

Als sie gedemütigt und beschämt waren, haben viele Frauen entdeckt, dass nur Christus zu ihnen steht. Freunde lassen einen im Stich. Von Liebhabern wird man verlassen. Einsam. Gezeichnet. Verlassen. Die Ankläger tragen ihre Gerüchte bis in die Gemeinde. Doch bei Jesus finden die Frauen ein offenes Ohr, ein mitfühlendes Herz und Vergebung.

Jesus hört nicht auf unsere Ankläger. Er kennt unsere Sünde bereits und wartet darauf, dass wir freiwillig zu ihm kommen. In Liebe und mit Mitgefühl spricht er dieselben Worte wie vor so langer Zeit: »Auch ich verurteile dich nicht.« Keine Sünde ist so groß, dass sie nicht vergeben werden kann. Mit derselben Vollmacht befreit er uns für einen neuen Anfang, indem er sagt: »Geh hin und sündige nicht mehr.« Niemand sonst kann uns solche Hilfe und Hoffnung geben.

Dies habe ich gesucht
Ich habe ein Feuer gesucht,
das meine Schuld verbrennt.
Ich habe eine Flut gesucht,
die mein Übel wegschwemmt.
Ich habe ein Messer gesucht,
das mein Unrecht abtrennt.
Ich habe einen Tod gesucht,
der meinem Geist die Freiheit bringt.
Meine Schande ehrt mich nicht,
sie liegt mir um den Hals.
Die Sünde hat mich fest im Griff,
frei gibt sie mich keinesfalls.
Doch meine Suche bringt mir nichts
und hat gar keinen Zweck,

entfernen wollt ich's, doch es ist
mein Innerstes voll Dreck.
Wie kann ich noch auf Liebe hoffen,
so wie's in mir aussieht?
Meine Sünde stinkt so sehr,
nichts Gutes habe ich verdient.
Doch selbst mein ganzes Grübeln
ist schon an sich nicht gut.
Hab ich nicht längst gefunden
Feuer, Messer und Flut?
Hab ich etwa vergessen,
dass bezahlt sind meine Schulden?
Hab ich etwa missachtet
die Gnade, die ich gefunden?
Denn am Kreuz verbrannte meine Schuld,
meine Sünden sind versenkt im Meer ganz weit.
Mein böses Herz wurd' neu gemacht –
ein Tod machte mich frei!
Beschwer dich nicht, schuldiges Herz –
dein Retter hat bezahlt,
deine Schuld fort und rein gemacht
im Strom von Golgatha.
Hoffe auf Gott, denn er bezahlt',
was du nie könntst erwerben.
Vergebung, Veränderung, Erneuerung!
Dafür wollt' dein Retter sterben.   *Anonym*

Für alle, die in sexuelle Sünde verstrickt waren, gibt es bei Jesus
Vergebung und Reinigung. Zu allen sagt er: »Geh hin und sündige nicht mehr!«

Wer wird gegen Gottes Auserwählte Anklage erheben? Gott ist es,
der rechtfertigt; wer ist es, der verdamme? Christus ist es, der ge-
storben, ja noch mehr, der auch auferweckt worden, der auch zur
Rechten Gottes ist, der sich auch für uns verwendet. (Römer 8,33-34)

Ein Gebet

Himmlischer Vater, ich empfange deine Vergebung und Reinigung für die Sünden, von denen ich weiß, und auch für jene, die mir nicht bewusst sind. Ich weiß, dass ich sie nicht bezwingen oder wegwischen kann. Ich bitte dich: Nimm meine Schuld weg und mach mich wieder rein und ganz.

Herr, hilf mir, den Hilflosen deine Gnade entgegenzubringen. Lass mich diejenigen erreichen, die sich für unerreichbar halten – denjenigen freundlich begegnen, die die Schande einer schmutzigen Vergangenheit tragen. Bringe diejenigen in mein Leben, die die Vergebung brauchen, die du jedem anbietest, der demütig und ehrlich zu dir kommt. Mögen all deine Kinder dich sagen hören: »Auch ich verurteile dich nicht; geh hin und sündige nicht mehr!« In Jesu Namen, Amen.

Als sie aber weiterzogen, kam er in ein Dorf; eine gewisse Frau aber, mit Namen Martha, nahm ihn in ihr Haus auf. Und diese hatte eine Schwester, genannt Maria, die sich auch zu den Füßen Jesu niedersetzte und seinem Wort zuhörte. Martha aber war sehr beschäftigt mit vielem Dienen; sie trat aber hinzu und sprach: Herr, kümmert es dich nicht, dass meine Schwester mich allein gelassen hat zu dienen? Sage ihr nun, dass sie mir helfen soll. Jesus aber antwortete und sprach zu ihr: Martha, Martha! Du bist besorgt und beunruhigt um viele Dinge; eins aber ist nötig. Denn Maria hat das gute Teil erwählt, das nicht von ihr genommen werden wird.

Lukas 10,38-42

Jesus begegnet
den Ängstlichen und Besorgten

Die Geschichte von Maria und Martha hat mich (Rebecca) schon immer fasziniert. Sie hat mich aber auch sehr beschäftigt und beunruhigt. Wie konnte Jesus mit Martha schimpfen, weil sie hart arbeitete und tat, was nötig war, während er Maria für ihre Faulheit lobte? Es dauerte viele Jahre, ehe ich die wahre Bedeutung von Jesu Aussage erkannte. Ich erzähle Ihnen einmal von meiner Geschichte und davon, warum ich Schwierigkeiten mit diesem Bericht aus Jesu Leben hatte.

Als ich elf Jahre alt war, zog meine achtköpfige Familie in ein halb fertiges Gebäude an einer Schotterstraße, das etwa eine halbe Meile von der Schnellstraße entfernt war. Es gab keine Toilettenspülung, kein Telefon, keinen Fernseher. Die einzigen Möbel waren ein Küchentisch, Stühle und unsere Betten. Die einzigen Haushaltsgeräte waren ein Kühlschrank, ein Herd (die einzige Wärmequelle) und eine Waschmaschine. Wenn es regnete, tropfte es an mehreren Stellen durchs Dach. Diese 80 Quadratmeter große Baracke besaß nur eine einzige Trennwand. Mit Kartons voller Kleider, Bücher und Gerümpel wurden unsere kleinen »Zimmer« abgetrennt. Vor diesem Umzug hatten wir an vielen verschiedenen Orten gelebt. Dabei mussten wir Entbehrungen, Armut und viel Streit in der Familie ertragen.

Mein Vater und meine Mutter lebten in einer stürmischen, zerstörerischen Ehe. Während des Zweiten Weltkriegs hatten sich die beiden kennengelernt und geheiratet (beide waren beim Militär). Sie stammten aus sehr unterschiedlichen Verhältnissen und waren von der Weltwirtschaftskrise traumatisiert. Dadurch waren sie auf die Herausforderungen des Ehe- und Familienlebens schlecht vorbereitet. Zorn und Bedauern heizten die Streitigkeiten noch an. Mitte bis Ende der 1940er-Jahre arbeitete mein Vater halbtags und studierte nebenher Theologie, da er vorhatte, hauptamtlich in den Gemeindedienst zu gehen. Doch der Ehestreit und die gesundheitlichen Probleme meiner Mutter ließen das nicht zu. Sie war emotional und körperlich nicht in der Lage, sich um sechs Kinder und den Haushalt zu kümmern. Meine Eltern versuchten, mit diesen schwierigen Umständen zurechtzukommen. Dabei bestraften sie uns hart für echten und auch nur vermuteten Ungehorsam. Grausame Worte und Taten taten uns an Leib und Seele weh. Ich fragte mich oft, warum ich in diese Familie hineingeboren worden war. Armut, Vernachlässigung und Beschimpfungen führten dazu, dass wir alle uns schämten und gedemütigt fühlten. In der Schule fühlte ich mich so anders als meine Mitschüler. Das Einzige, was für mich sprach, war, dass ich klug war und denjenigen helfen konnte, die Probleme mit den Hausaufgaben und mit dem Lernen hatten.

Als älteste Tochter (das zweitgeborene Kind) war ich dafür zuständig, zu kochen und abzuspülen. Es waren auch endlose Mengen an Wäsche zu waschen, aufzuhängen und später zusammenzulegen. Manchmal musste ich mich auch um unser Vieh kümmern. Auch musste ich mich um meine jüngeren Geschwister kümmern, sie anleiten und ihnen Zuwendung geben. Wenn ich abends erschöpft ins Bett fiel, blieb mir keine Zeit, um für die Schule zu lernen. Die Hausaufgaben mussten bis in die frühen Morgenstunden warten, wenn mein Vater mich weckte, damit ich ihm sein Hemd für die Arbeit bügelte. Und dann hatte ich manchmal so viel Glück, dass ich eine Stunde ungestört Zeit hatte, um zu lernen und Hausaufgaben zu machen, bevor ich anderthalb Meilen zu Fuß in die Schule ging. Ab und zu war ich rechtzeitig an der Schnellstraße und erreichte den Schulbus noch.

Seltsamerweise hatten meine Eltern trotz dieser rauen Atmosphäre eine Liebe für Gott und brachten uns bei, die Bibel zu ehren und zu lieben. Manchmal mussten wir ruhig dasitzen und verschiedene Predigten im Radio anhören. An Weihnachten hörten wir immer den gesamten »Messias« von Händel auf einem alten Tonbandgerät an. Unsere Familie war Mitglied einer kleinen bibeltreuen Gemeinde, und im Sommer ging ich sehr gern auf eine christliche Freizeit in einem anderen Bundesstaat.

Doch niemand hätte sich vorstellen können, was sich in unserer Familie abspielte. Es war ein trauriges, dunkles, schmerzliches Geheimnis.

Trotz alldem wuchs ich mit dem Wunsch und dem Verlangen auf, Gott zu kennen. Ich nahm Christus als meinen Erretter an, als ich sieben Jahre alt war, und wollte Missionskrankenschwester werden. Irgendwie wusste ich, dass das Leben eigentlich anders sein sollte, als meines es bisher war. Als Teenager schlüpfte ich nachts aus meinem Bett und las meine Bibel beim Licht der Kontrolllampe des Boilers. Der Glaube, dass Gott mich wirklich liebte, erhielt mich aufrecht. Ich hatte immer die Hoffnung, dass es da draußen noch etwas Besseres gab und dass ich überleben musste, um es zu finden. Ich war davon überzeugt, dass Gott einen Plan für mein Leben hatte.

Mitte der 1960er-Jahre verließ ich das familiäre Umfeld und ging auf eine Bibelschule. Dort wollte ich meinen lang gehegten Traum verwirklichen, Missionskrankenschwester zu werden. Doch Gott hatte andere Pläne für mich, und drei Monate nach dem Ende meiner Ausbildung heiratete ich 1969 einen vielversprechenden jungen Prediger. Als sich herauskristallisierte, dass ich die Frau eines Pastors werden würde, dachte ich, Gott hätte sich geirrt – denn dies war das eine, was ich nie hatte werden wollen, und das hatte ich Gott auch gesagt. Sie können sich gar nicht vorstellen, wie schlecht ich auf diese Rolle vorbereitet war! Ich hatte nie miterlebt, wie meine Mutter Gäste einlud oder Gastfreundschaft übte. Sie hatte keine Ess- oder Wohnzimmermöbel. Kein Porzellan, kein Tafelsilber, keine hübschen Einrichtungsgegenstände oder schöne Bilder an der Wand. Woher sollte ich wissen, was ich als Frau eines Pastors tun sollte?

Gott verlangte das Unmögliche von mir. Ich war schüchtern, verängstigt und fühlte mich den Frauen in unserer ersten Gemeinde unterlegen. Niemand wusste von meiner Herkunft. Doch Gott forderte mich auf, diese Hindernisse zu überwinden und zu lernen, wie man gastfreundlich ist und anderen freundlich und gnädig begegnet. Wenn wir bei jemandem zum Abendessen eingeladen waren, machte ich mir im Geist Notizen, wie man den Tisch deckt, was man serviert und wie man es serviert. Die schönen Häuser und Einrichtungsgegenstände unserer Gemeindeglieder versetzten mich in Erstaunen. Einmal sagte ich zu meinem Mann, dass wenn ich tausend Dollar hätte, ich nicht einmal wüsste, was ich kaufen sollte, damit unsere Wohnung hübsch aussieht.

Mit der Zeit gewann ich jedoch allmählich Selbstvertrauen. Doch wie Martha war ich ängstlich und zerbrach mir viel den Kopf darüber, wie ich gut für meine Gäste koche und sie bediene. Ich musste mich um unsere kleinen Kinder kümmern, und mein Mann war sehr eingespannt, daher konnte mir niemand helfen. Ich machte mir viele Sorgen und fühlte mich oft unter enormem Druck. Was würden die Leute von meinem Haus und von meiner Leistung halten? Wie sollte ich sie jemals so anmutig und gekonnt bedienen, wie sie uns bedient hatten? Ich wusste, dass ihre Meinung eigentlich nicht wichtig war, da ich ja für den Herrn Gastfreundschaft üben sollte, aber dennoch war ich nervös und angespannt.

Während ich im Lauf der Jahre meine Fertigkeiten geübt und verfeinert habe, habe ich erkannt, dass es viel wichtiger ist, wie es in meinem Herzen aussieht, als wie es in meinem Haus aussieht, auch wenn zwischen beiden Dingen ein Zusammenhang besteht. Ich musste lernen, wie ich meine Neigung zu Martha ablegen und mehr wie Maria werden kann – zu Jesu Füßen sitzen und ihn anbeten. Und darin hat Gott mir gezeigt, wie ich mein Haus mit Zuversicht und Freude statt mit Sorge und Anspannung für andere Menschen öffnen kann.

Mit welcher Frau im Neuen Testament identifizieren sich die meisten dynamischen, leistungsorientierten Frauen? Falls Sie »Martha« gesagt haben, liegen Sie richtig. Für viele Frauen ist die Identifikation mit Martha Ehrensache; sie sind stolz darauf, dass sie etwas leisten.[34] Es muss Fügung sein, dass der Name der Fernsehköchin Martha Stewart (geboren 1941; sie wird auch oft als »Amerikas beste Hausfrau« bezeichnet) so gut zu ihr passt! Wenn alle Frauen wie Maria wären und ihre Zeit zu Jesu Füßen verbrächten, wer würde dann kochen und das Haus putzen? Wer würde die Kinder zur Schule bringen und den Ehemann bei Laune halten? Es sind die Marthas, die die Welt am Laufen halten, nicht die »mystischen« Marias.

Doch Maria nahm sich die Freiheit zu etwas, was Frauen ihrer Zeit niemals taten: einem Rabbi in der Öffentlichkeit zu Füßen zu sitzen. Entgegen aller Erwartungen stellte Jesus erstaunlicherweise nie infrage, dass sie Gottes Wort auf diese Weise hören durfte. Die entspannte Atmosphäre, für die Jesus sorgte, entsprach einfach nicht der Norm. In der damaligen Kultur hätte man sowohl Jesus als auch Maria für eine ungehörige Beziehung gerügt – Jesus, weil er mit einer Frau in nächster Nähe und in der Öffentlichkeit redete, und Maria, weil sie die Dreistigkeit besaß, zu denken, ihr Verhalten sei angemessen, sie würde Jesus etwas bedeuten und er hieße ihre konzentrierte Aufmerksamkeit gut.

Der Schriftsteller Don Hawkins berichtet, dass wenn er über Martha spricht, häufig Frauen auf ihn zukommen und sagen: »Ich bin so sehr wie Martha!« Aber nahezu keine Frau sagt: »Ich bin so sehr wie Maria!« Man hat vielmehr den Eindruck, dass die Marias dieser Welt faul sind und unordentliche Häuser haben. Martha *muss* also den »weiblichen Markt« beherrschen.[35] Offensichtlich stimmt etwas nicht, wenn wir denken, dass diese Geschichte eine gleichgültige Haltung zum Leben rechtfertigt. Oder dass sie fleißige, hart arbeitende, ehrgeizige Frauen kritisiert, die etwas leisten wollen.

In der christlichen Gemeinde steht die Haushaltsführung – sich um Kinder kümmern, das Haus schmücken, kochen, gastfreundlich sein – ganz weit oben auf der Liste der ehrenwerten

---

34 Frank Minirth, Don Hawkins, Roy Vogel, *Just Like Us – 15 Biblical Stories with Take-Away Messages You Can Use in Your Life* (San Francisco: Jossey-Bass, 2004), S. 157.
35 Ebd.

Dinge. Christinnen haben häufig das Gefühl, ihr Wert werde an diesem Standard gemessen.

Da Jesus nun aber Maria deutlich lobt und Martha wegen ihrer unruhigen Arbeit tadelt, sollten wir uns diese Geschichte besser noch einmal anschauen und uns fragen: Wie können wir von Jesus gelobt werden wie Maria und dennoch etwas leisten wie Martha? Wir werden feststellen, dass wir uns nicht zwischen den beiden Möglichkeiten entscheiden müssen, wie Martha zu arbeiten oder wie Maria anzubeten.

Jesus erfreute sich häufig an der Gesellschaft der drei Freunde aus dem an der Ostseite des Ölbergs gelegenen, etwa drei Kilometer von Jerusalem entfernten Bethanien. Die Schwestern Martha und Maria und ihr Bruder Lazarus waren das, was für Jesus einer Familie am nächsten kam. »Ihr Haus in Bethanien war einer der wenigen Orte, an dem er nicht ständig angestarrt wurde und man nicht ständig etwas von ihm verlangte.«[36] Hier waren ganz normale Menschen, die ihn annahmen, ihm dienten und nur wenig als Gegenleistung erwarteten. Jesus konnte bei jenen Menschen Kraft schöpfen, die ihn am besten kannten und ihn ohne große Erwartungen annahmen.

Wir wüssten gern, wo Jesus diese beiden Frauen und ihren Bruder kennengelernt hatte. Waren sie in der Menge, die sich bei seinem Besuch in Jerusalem versammelte? Schaute Jesus einfach bei ihnen vorbei und bat um einen Becher Wasser oder um einen Ruheplatz? Wir werden es auf Erden nie erfahren. Es steht zwar nicht im Text, doch wir können davon ausgehen, dass die zwölf Jünger auch bei Jesus waren, da sie ihn auf seinen Reisen begleiteten. Martha hatte also an jenem Tag alle Hände voll damit zu tun, auf die Schnelle fünfzehn oder sechzehn Menschen zu versorgen.

Lassen Sie uns beim Lesen dieser Geschichte darauf achten, wie unterschiedlich diese beiden Schwestern ihren Ehrengast empfingen. Martha, offenbar die Ältere, führte den Haus-

---

36 William Barker, *Personalities Around Jesus*, S. 107.

halt und hielt alles in Ordnung. Sie wirkte wie ein aktiver und praktischer Mensch, wohingegen Maria wahrscheinlich lieber Gedichte geschrieben als Pfannen geschrubbt hätte.[37] Es spricht für diese Schwestern, dass sie ihr Haus für Jesus öffneten, während andere sich vielleicht unwohl dabei fühlten oder sogar Angst davor hatten, ihn aufzunehmen.

Lazarus wird in dieser Geschichte nicht erwähnt, doch in dem dramatischen Bericht von seiner Krankheit, seinem Tod und seiner Auferstehung spielt er eine Hauptrolle. Dort lesen wir: »Jesus aber liebte Martha und ihre Schwester und Lazarus« (Johannes 11,5).

Später weinte Jesus an Lazarus' Grab, als er versuchte, die trauernden Schwestern zu trösten. Anscheinend verließen sich Martha und Maria auf Jesus, wie sich Schwestern vielleicht auf einen großen Bruder verlassen.

Diese Familie wird außer in Lukas 10 noch an zwei weiteren Stellen in der Heiligen Schrift erwähnt, beide Male im Johannes-Evangelium. In allen drei unvergesslichen Szenen zeigen die Schwestern dieselben Eigenschaften. Eine ist die geschäftige, tüchtige Frau, und die andere findet man zu Jesu Füßen.

Dieser Wesensunterschied kommt uns bekannt vor. Martha war die dominierende Persönlichkeit – diejenige, die die Verantwortung für das Haus trug. Vermutlich schreibt Lukas deshalb: »Eine gewisse Frau aber, mit Namen Martha, nahm ihn in *ihr* Haus auf« (Lukas 10,38; Hervorhebung hinzugefügt). Sie war wahrscheinlich nicht die alleinige Eigentümerin, aber sie war die alleinige Chefin. Maria verkörpert diejenigen, bei deren Persönlichkeit stärker die Tatsache ins Gewicht fällt, wer sie sind, als die Tatsache, was sie tun.

Man kann sich wahrscheinlich leichter mit Martha identifizieren als mit Maria, weil wir alle dazu neigen, die Leitung an uns zu reißen. Dabei reden wir uns ein, dass unsere Motive lauter sind. Wir wollen, dass etwas richtig gemacht wird, und nur

---

37 Ebd.

auf eine Weise kann man sicherstellen, dass das geschieht: Wir erledigen es selbst oder sagen anderen, wie sie es machen sollen. Martha scheint sicherlich die dominierende Persönlichkeit gewesen zu sein.

Ich (Rebecca) kann gut nachvollziehen, wie leicht man als Frau in diese Falle gerät. Als älteste Tochter in meiner Familie war ich dafür verantwortlich, hart zu arbeiten und Entscheidungen zum Wohl aller zu treffen. Es war natürlich leichter, die Arbeit selbst zu erledigen, als meinen jüngeren Geschwistern zu erklären, wie man sie tut. Diese Angewohnheit brachte ich mit in unsere Ehe und fühlte mich oft verpflichtet, Dinge selbst zu erledigen oder meinem Mann und meinen Töchtern zu sagen, wie man sie »richtig« macht. Ich musste lernen, mich zurückzunehmen und anzuerkennen, dass es nicht nur eine richtige Art und Weise gibt, etwas zu tun. Wir werden entweder mit einer solchen Persönlichkeit geboren oder eignen uns diese Einstellung durch unsere Umstände an. Was auch immer bei Martha der Fall war: Sie konnte Maria nur schwer zur Mitarbeit bewegen.

Noch ein anderer Punkt wirkt hier ungerecht. Sowohl in der Familie als auch in der Gemeinde werden Frauen häufig in die Küche abgeschoben, während die Männer »die wichtigen Sachen« besprechen. Offensichtlich ist die Mehrheit der Frauen in der Küche fähiger als Männer, doch auch Frauen haben kluge Köpfe und hungrige Herzen, die sich danach sehnen, über Glaubensfragen zu diskutieren und aus der Bibel zu lernen. Es ist zweifellos an der Zeit, dass wir die Männer bitten, sich zu *uns* in die Küche zu gesellen, damit das Vorbereiten und Aufräumen schneller geht und wir uns dann zu *ihnen* gesellen können, um über Glaubensfragen zu diskutieren und Gemeinschaft zu haben.

Wir können diese Geschichte nicht lesen, ohne dass uns der Gegensatz zwischen diesen beiden Frauen auffällt. Wie wir noch sehen werden, erwartete Jesus nicht von Martha, dass sie wie Maria wird, oder von Maria, dass sie wie Martha wird. Doch er half Martha dabei, etwas über ihre Einstellung und ihre Prioritäten zu begreifen. Sehen wir uns an, wie die beiden Frauen in dieser wunderschönen Geschichte dargestellt werden. Achten Sie auf die Unterschiede.

Dienen oder sitzen?

Wir können uns die Szene bildlich vorstellen. »Und diese hatte eine Schwester, genannt Maria, die sich auch zu den Füßen Jesu niedersetzte und seinem Wort zuhörte« (Lukas 10,39). Im Nahen Osten stand in den Häusern normalerweise ein großes, etwa 60 Zentimeter hohes Sofa an der Wand. Häufig konnte man diese Sofas auch als Bett nutzen. Dort saß Jesus, vielleicht im Schneidersitz, sprach und antwortete auf Fragen. Maria saß zu seinen Füßen auf einem Teppich oder auf einer Fußmatte und hing an seinen Lippen. Für sie war dies ein wertvoller Moment in ihrer Beziehung zu diesem liebevollen Mann, von dem sie allmählich begriff, dass er Gottes Sohn war. »Durch ihr aufmerksames Zuhören trug Maria dazu bei, Jesu Sitz zu einer Kanzel, ihren eigenen bescheidenen Platz zu seinen Füßen zu einer Kirchenbank und das ganze Zimmer zu einer Kirche zu machen, in der Gottes Barmherzigkeit verkündigt wurde – zu einem Heiligtum, in dem Gott selbst dem sündigen Herzen voll Gnade nahekam.«[38]

Jesu Worte hatten auf Maria eine unwiderstehliche Anziehungskraft. Er brauchte nicht laut zu rufen; sein Flüstern war sogar noch faszinierender als seine öffentlichen Äußerungen. Wie sich eine Lilie der Sonne öffnet, hörte sie zu. Sie hatte ein Gespür für Jesu Stimmung und wusste, dass ihm an dieser Gemeinschaft mehr lag als an einer raffinierten Mahlzeit. Bei diesem Besuch war ihm ein einfaches Essen lieber als das Beste, was die Schwes-

---

38 Richard C. H. Lenski, *The Interpretation of St. Luke's Gospel* (Minneapolis: Augsburg Publishing House, 1946), S. 612.

tern zu bieten hatten. Diesmal war die Anbetung wichtiger als die Arbeit, und das Sitzen war wichtiger als das Dienen.

Die gute Martha war vom Dienen überlastet; sie traf angemessene, wenn nicht sogar aufwendige Vorbereitungen für die Mahlzeit, die gleich beginnen sollte. Auch sie liebte ihren Ehrengast. Doch sie brauchte Hilfe, und sie ärgerte sich über ihre kleine Schwester, die dasaß und die Gemeinschaft mit Jesus genoss und für die augenblickliche Realität blind zu sein schien. Sie war wütend, weil noch immer nicht alle Aufgaben erledigt waren.

Denken Sie daran, dass Martha Jesus ebenfalls liebte. Sie liebte ihn innig und wäre sehr gern neben ihrer Schwester gesessen und hätte sehr gern seinen freundlichen Worten gelauscht. Doch für sie sollte eins nach dem anderen kommen. Es musste noch eine Mahlzeit zubereitet werden, es mussten noch Erfrischungen serviert werden. Diese Dinge sollten zuerst kommen – und daran sollte sich die Zeit mit Jesus anschließen.

Maria schien gar nicht zu bemerken, dass ihre Schwester so angespannt war. Jedes Mal, wenn Martha vorüberging, hoffte sie, ihre Schwester würde den Wink verstehen, dass sie ihr bei den Vorbereitungen helfen sollte. Als Maria auf die Hinweise nicht reagierte, ärgerte sich Martha und fragte gereizt: »Herr, kümmert es dich nicht, dass meine Schwester mich allein gelassen hat zu dienen? Sage ihr nun, dass sie mir helfen soll« (V. 40).

Sie wollte nicht respektlos sein; schließlich nannte sie Jesus »Herr«. Sie wies nur auf das Offensichtliche hin: Sie diente allein, und es wäre nicht unzumutbar, wenn ihre Schwester »mit anpackte«, wie es der griechische Text nahelegt. Sie wollte, dass Maria ihren Teil der Last trug. Die Hausarbeit sollte geteilt werden, ebenso wie die Gemeinschaft mit Jesus. Sie warf Jesus vor, dass er Maria ihr Unterlassen von Mithilfe durchgehen ließ. Sie sprach ihre Schwester nicht direkt an, weil sie vermutete, dass Maria ihre Wünsche vielleicht einfach ignoriert hätte. Doch Martha war klar, dass Maria sofort aufspringen würde, wenn sie von Jesus gebeten werden würde zu helfen.

Wie vernünftig uns die Bitte auch vorkommt, sie sollte uns

dennoch erschrecken. Hier erteilt Martha Jesus, dem Herrn, dem Allmächtigen, Ratschläge! Und das ist nicht das einzige Mal, dass Martha versucht, Jesus zu verbessern. An Lazarus' Grab sagt Jesus:»Nehmt den Stein weg!«, und Martha wendet ein:»Herr, er riecht schon, denn er ist vier Tage hier« (Johannes 11,39). Sie verspürt das Bedürfnis, dem Herrn den Vorgang der Verwesung zu erklären. Doch sie verkörpert diejenigen unter uns, die in ihren Gebeten fordernd werden und Gott häufig erklären, warum er antworten *sollte* und in welcher Form wir die Antwort erwarten. Sie ist weder der erste noch der letzte Mensch, der glaubt, Jesus bräuchte zusätzliche Informationen.

Martha war aufgabenorientiert. Sie wusste, was zu erledigen war, und machte sich daran, es nach besten Kräften zu tun. Ihr Handeln hatte ein Ziel, nämlich das für diesen Anlass angemessene Essen anzubieten. Wie wir noch sehen werden, war das an sich nicht falsch. Doch solche Persönlichkeiten laufen Gefahr, eher»ein menschliches Tun« (statt ein menschliches Wesen) zu werden, wie ein Autor es ausdrückte.[39] Sie könnte ein Mensch gewesen sein, der sagt:»Ich bekomme einen Nervenzusammenbruch … rede es mir nicht aus; ich hab ihn verdient!«

Jesu Antwort überraschte Martha jedoch. Sie hatte erwartet, dass er ihrer Meinung war. Statt Maria zurechtzuweisen oder ihr zumindest nahezulegen, dass sie ihrer Schwester helfen sollte, richtete Jesus seine Worte stattdessen an Martha. Er rügte Martha nicht dafür, dass sie diente, sondern dafür, dass sie sich von etwas Wichtigerem ablenken ließ. Ihre Konzentration auf das Dienen hatte die Oberhand gewonnen. Zu Marthas Überraschung betonte Jesus, dass Maria ihre Prioritäten besser gesetzt hatte als sie (Martha).

Manchmal ist sitzen besser als dienen. Wenn wir den Grundsatz dessen, was Jesus hier lehrt, wirklich begreifen, können wir unsere Sorge, unsere Wut und unseren Ärger bekennen. Unsere Gemeinschaft mit Gott ist das eine, das »nötig ist«. Nichts bringt

---

39 Minirth, Hawkins, Vogel, *Just Like Us*, S. 161.

unserem Leben eine solche Befriedigung wie die Erfahrung, mit Gott verbunden zu sein. »Vieles können wir haben, aber eines müssen wir haben; vieles ist nützlich, anderes ist wichtig, aber nur eines ist wirklich notwendig.«[40]

Vieles oder eines?

Jesus wusste, dass Martha sich zu viel aufgeladen hatte. Doch er bat Maria nicht, aufzuspringen und ihrer besorgten Schwester zu helfen. Stattdessen sagte er: »Martha, Martha! Du bist besorgt und beunruhigt um viele Dinge; eins aber ist nötig. Denn Maria hat das gute Teil erwählt, das nicht von ihr genommen werden wird« (Lukas 10-41-42). Er nannte sie zweimal beim Namen. Die doppelte Anrede war ein Zeichen besonderer Zuneigung. Behutsam versuchte Jesus, Marthas Herz zu erreichen. Er zeigte ihr, dass sie innerlich abgelenkt war, hin- und hergerissen zwischen ihren Pflichten im Haushalt und der besonderen Gelegenheit, für die ihre Schwester sich entschieden hatte.

Das griechische Wort für *besorgt* oder *beunruhigt* bedeutet »ablenken« oder »trennen«. Martha konnte ihre ganzen Aufgaben kaum bewältigen – sie war momentan eine Frau mit widerstreitenden und geteilten Interessen. Dasselbe Wort *besorgt* verwendet Jesus in Matthäus 6,19-34 fünf Mal, um auf die Gefahren der Sorge hinzuweisen: »So seid nun nicht besorgt, indem ihr sagt: Was sollen wir essen?, oder: Was sollen wir trinken?, oder: Was sollen wir anziehen? Denn nach all diesem trachten die Nationen; denn euer himmlischer Vater weiß, dass ihr dies alles nötig habt. Trachtet aber zuerst nach dem Reich Gottes und nach seiner Gerechtigkeit, und dies alles wird euch hinzugefügt werden« (Matthäus 6,31-33). Martha konzentrierte sich so sehr auf ihre Arbeit, dass sie vergaß, dass es noch andere, wichtigere Dinge gab.

---

40 Barker, *Personalities Around Jesus*, S. 109.

Sie machte sich über zu viele Dinge Gedanken, die für diesen Anlass nicht unbedingt erforderlich waren. Der Tischschmuck und sonstige Dekorationen hatten zu viel von ihrer Zeit und Kraft verschlungen. Jesus will damit nicht sagen, dass Essen und Vorbereitungen unnötig sind – er will damit sagen, dass die Kleinigkeiten des Lebens nicht die Oberhand gewinnen sollten.[41] Was Martha tat, war nicht falsch; Jesus ging es um das, was sie *vernachlässigte*. Ihre Prioritäten passten nicht zu der vor ihr liegenden Gelegenheit. Könnte es sein – und das ist nur ein Gedanke –, dass es bei Marthas übereifriger Gastfreundschaft nicht so sehr um Jesu Wohl ging, sondern eher um ihr eigenes Wohl in Form des Lobes, das sie später hören würde?

Jesu Stimme mit einem offenen Herzen zu hören, ist besser als jede Arbeit, jedes Opfer oder auch Leiden. Wenn wir unsere Ohren vor Jesus aus irgendeinem Grund verschließen – egal wie dringend oder wichtig dieser Grund sein mag –, schneiden wir uns von der Gemeinschaft ab, nach der Jesus sich sehnt. »Wir können vom selben Leistungsdenken gefangen werden, wenn wir das Gefühl haben, unsere Liebe zu Gott beweisen zu müssen, indem wir große Dinge tun.«[42]

In ihrem Eifer, Jesus zu *dienen*, verpasste Martha beinahe die Gelegenheit, Jesus besser *kennenzulernen*.[43] Vielleicht hatte Maria schon bei der Vorbereitung des Essens geholfen, doch sie wusste, dass der wichtigste Teil des Abends die mit Jesus verbrachte Zeit war.

Menschen, die die Welt verändert haben, haben sich immer auf eine bestimmte Sache konzentriert. Sie ließen sich nicht von anderen lohnenswerten Unternehmungen ablenken. Wie der Apostel Paulus sagt: »Eins aber tue ich …« Dwight L. Moody, ein großer Evangelist aus dem 19. Jahrhundert, sagte gern: »Eins aber tue ich, … nicht an vierzig Dingen versuche ich mich.« Wir können gar nicht hoch genug einschätzen, welche Macht

---

41 Ebd.
42 Joanna Weaver, *Mit Marias Herz in Marthas Welt* (Grünkraut: D&D Medien, 2002), S. 17.
43 J. Hastings (Hrsg.), *The Great Texts of the Bible: Luke* (Edinburgh: T&T Clark, 1952), S. 230.

ein auch nur durchschnittlicher Kopf hat, wenn er sich auf eine große Sache konzentriert.

Henry Scougal, ein Pastor und Autor aus dem 17. Jahrhundert, sagte einmal, dass unsere Seele nicht wissen kann, was echte Freude und Vergnügen ist,»ehe sie einmal ihrer selbst überdrüssig ist, auf allen Anstand verzichtet und sich selbst dem Schöpfer ihres Wesens hingibt. ... Dann kann sie aus ihrem Innersten sagen: ›Mein Geliebter ist mein.‹«[44] Damit sagt er eigentlich, dass wir unaufhörlich glücklich wären, wenn unsere Liebe wirklich auf Gott ausgerichtet wäre.

Wenn wir genug von Gott bekommen haben, um glücklich zu sein, werden wir feststellen, dass wir genug von Gott bekommen haben, um uns zu verändern – um uns dahingehend zu verändern, dass wir unsere Prioritäten richtig setzen.

Martha lernte, dass das Gute manchmal der Feind des Besten ist.

Vorübergehend oder auf Dauer?

Bei Marthas widerstreitenden Prioritäten ging es um keine Nebensache.

Es wurde einmal gesagt, dass in jenem Haus zwei Festessen aufgetragen wurden: Martha stand im Begriff, die körperliche Nahrung zu genießen – und Maria die geistliche. Das eine, das Maria auf der Erde begann, ist das, was im Himmel weitergehen wird.»Während die Welt der Leistung applaudiert, wünscht sich Gott Gemeinschaft. Die Welt fordert: ›Tut mehr! Seid alles, was ihr sein könnt!‹ Aber unser Vater flüstert: ›Lasst ab und erkennt, dass ich Gott bin.‹«[45]

In den darauffolgenden Jahren hielt Maria diese kostbaren Momente zu Jesu Füßen sicher in Ehren. Sie hatte in sein liebe-

---

44 Henry Scougal, *The Life of God in the Soul of Man* (Harrisonburg: Sprinkle Publications, 1986), S. 72.
45 Weaver, *Mit Marias Herz in Marthas Welt*, S. 17f.

volles Gesicht geschaut und eine Gemeinschaft erlebt, die herrlicher war als jede Mahlzeit. Später sollte Jesus sich selbst für die Sünden der Welt hingeben, und sowohl Martha als auch Maria würden von dieser gnädigen Tat profitieren. Doch – und das ist wichtig – Maria hatte bei Jesu Besuch einen Blick auf das Ewige erhascht, und vielleicht, nur vielleicht, hatte Martha diese einzigartige Gelegenheit verpasst.

Das Mittel gegen Sorge und aufgewühlte Gedanken ist, sich auf Jesus und seine Zusagen auszurichten, indem man sich auf das eine, das nötig ist, konzentriert. Martha war hin- und hergerissen und daher besorgt und beunruhigt. Marias Aufmerksamkeit war *un*geteilt, weshalb sie Ruhe für ihre Seele fand.

Jesus ließ nicht zu, dass Martha Maria von seinen Worten wegzog. Er ließ nicht zu, dass sie wie Martha ihre Aufmerksamkeit auf viele andere Dinge aufteilen musste – egal, wie gut oder hilfreich diese Dinge waren.

Offensichtlich lud Jesus Martha ein, sich ihrer Schwester zu seinen Füßen anzuschließen, damit sie beide »das gute Teil« annehmen konnten. Es wird immer Zeiten geben, in denen wir dekorieren, vorbereiten, dienen und essen können. Doch Jesus lud Martha ein, sich an der Gemeinschaft zu erfreuen, die er an jenem Tag anbot und die die Seele erfüllte.

Wir können uns bildlich vorstellen, wie beide zu Jesu Füßen sitzen und er sich darüber freute, dass sie das genossen, was ihnen nie wieder genommen werden konnte. »Siehe, ich stehe an der Tür und klopfe an; wenn jemand meine Stimme hört und die Tür öffnet, zu dem werde ich hineingehen und das Abendbrot mit ihm essen, und er mit mir« (Offenbarung 3,20). Jesus sehnte sich danach, denen, die er liebte, im Geist und im Herzen nahezukommen. Martha musste von den Ablenkungen befreit werden, die es ihr unmöglich machten, eine enge Gemeinschaft zu genießen.

Dennoch bleibt die Frage: Möchte Jesus, dass alle Marthas dieser Welt Marias werden? Wie erreichen wir ein Gleichgewicht zwischen dem Besinnlichen und dem Aktiven, zwischen den

Zuhörern und den Sprechern, den Sitzenden und den Dienenden? Die Antwort liegt in Jesu Worten: »Eins aber ist nötig.« Überlegen wir, was das bedeutet.

Das Gleichgewicht finden

Müssen wir uns dafür entscheiden, entweder eine Martha oder eine Maria zu sein? Wenn wir uns für das Beste entscheiden, heißt das dann, dass eine Frau – oder auch ein Mann – nicht fleißig, kreativ, produktiv und gastfreundlich sein kann? Heißt »das gute Teil erwählen«, dass wir unser Leben allein mit Lesen, Nachdenken, Anbetung und Gebet verbringen dürfen?

Nein, natürlich nicht. Maria begriff, dass dies ein seltener Augenblick war, und beschloss, ihn zu nutzen. Irgendwie verstand sie, dass Jesus auf einem vorgezeichneten Weg war, dass er auf das Kreuz zuging, dass er bald nicht mehr bei ihnen sein würde. Sie wollte möglichst viel Zeit in seiner Gegenwart verbringen, seine Worte hören und zu seinen Füßen anbeten. Offenbar erkannte sie, dass dies nicht der richtige Zeitpunkt war, um ein großes Mahl für Jesus zuzubereiten – es wäre angemessener gewesen, zu diesem Anlass kleine Erfrischungen zu reichen. Bei ihrem Enthusiasmus und ihrer Gründlichkeit neigen die Marthas dieser Welt dazu, zu viel vorzubereiten, zu viel zu organisieren und zu viel zu leisten.

Zweifellos lernte Martha ihre Lektion. Später bereitete sie ein Festmahl für Jesus, die zwölf Jünger, andere Gäste und ihren Bruder und ihre Schwester (das sind beinahe zwanzig Leute) vor. Sie beschwerte sich nicht, und Jesus rügte sie auch nicht wegen falscher Prioritäten. »Sie machten ihm nun dort ein Abendessen, und Martha diente; Lazarus aber war einer von denen, die mit ihm zu Tisch lagen« (Johannes 12,2). Das ist der Beweis dafür, dass die Marthas dieser Welt für die Familie und für das Leben an sich unentbehrlich sind.

Bei diesem Festmahl bleibt Maria ihrem Wesen treu und salbt

Jesu Füße und wird von den Jüngern für ihre Verschwendung getadelt. Es scheint deutlich zu sein, dass Jesus will, dass wir Maria bei unserer Anbetung nacheifern – und Martha bei unserer Arbeit. Wenn man erwartet, dass Martha wie Maria oder Maria wie Martha wird, leugnet man, wie vielfältig Gottes Schöpfung ist. Jesus will damit sagen, dass nur wenige Dinge so schädlich für das Leben als Christ sind wie der Versuch, für ihn zu arbeiten, ohne sich auch Zeit für die Gemeinschaft mit ihm und die Anbetung zu nehmen.

Wir hören oft, unsere Prioritäten müssten stimmen: Jesus an erster Stelle, unsere Familie und Freunde an zweiter Stelle, dann unser Beruf und wir selbst an letzter Stelle. Das scheint eine Lösung zu sein, tatsächlich ist es aber keine. Unser Leben lässt sich nicht in diese klaren Kategorien aufteilen. Außerdem ist es unrealistisch zu glauben, wir könnten so viel Zeit mit dem Bibellesen zubringen wie mit der Arbeit in einer Vierzig- oder Fünfzig-Stunden-Woche. Diese Prioritäten sehen auf dem Papier gut aus, im praktischen Leben funktionieren sie aber einfach nicht.

Wir müssen zulassen, dass sich unsere Beziehung zu Jesus auf und über alle anderen Bereiche unserer Verantwortung ausdehnt. Wir arbeiten *in Gemeinschaft mit Jesus*, wir nehmen unsere familiären Pflichten *in Gemeinschaft mit Jesus* wahr, und wir achten auf uns selbst *in Gemeinschaft mit Jesus*. Jesus kommt daher immer *an erster Stelle* – in unserer Familie, in unserem Beruf, in unserem Dienst in der Gemeinde. Wenn man das richtig versteht, kann es zu keinem Konflikt zwischen seinen Zielen und unseren Zielen kommen. Er muss der Herr über alles sein.

In ihrem ausgezeichneten Buch *Martha to the Max* schreibt Debi Stack über ihren Kampf mit dem, was wir das Martha-Syndrom nennen könnten: »Seit nunmehr ungefähr zwanzig Jahren, seit dem Höhepunkt meines Workaholismus, sitze ich da und höre zu. Irgendwann war ich nicht mehr besessen davon, aus *dem einen* eine bestimmte Aufgabe zu machen, die ich erfüllen und bewerten konnte. Und ich habe auch gelernt, dass das Sitzen nicht *das eine* war, aber *das eine* brachte Maria zum Sitzen.

Zuhören war auch nicht *das eine*, aber *das eine* brachte Maria zum Zuhören … vielleicht ist *das eine* nichts, was man tut, sondern eine Lebensweise; kein Zielpunkt, sondern ein Ausgangspunkt.«[46]

Das eine ist die Gemeinschaft der Seele mit Gott durch sein Wort – es ist die Freude am ewigen Leben, das jetzt beginnt und auch in Ewigkeit niemals aufhört. Und das kann jeder erleben – egal, welche Persönlichkeit, welchen Beruf oder welche Begabung er hat. Wir alle können Marias Herz in Marthas Welt haben.

Ein Gebet

Himmlischer Vater, hilf mir, in deiner Gegenwart still zu sein, deine Stimme durch dein Wort zu hören und mir Zeit zu nehmen, um unsere Freundschaft ganz persönlich zu erneuern. Möge meine Seele die Nähe finden, nach der sie sich sehnt, indem ich mich deiner Wahrheit unterordne und glaube, dass du, o Vater, und dein Sohn Jesus durch deinen Geist in meinem Herzen wohnen. Gib mir Marias Herz und Marthas Fleiß. In Jesu Namen, Amen.

---

46 Debi Stack, *Martha to the Max*, zitiert in Minirth, Hawkins, Vogel, *Just Like Us*, S. 168.

Jesus nun kam sechs Tage vor dem Passah nach Bethanien, wo Lazarus, der Gestorbene, war, den Jesus aus den Toten auferweckt hatte. Sie machten ihm nun dort ein Abendessen, und Martha diente; Lazarus aber war einer von denen, die mit ihm zu Tisch lagen. Da nahm Maria ein Pfund Salböl von echter, sehr kostbarer Narde und salbte die Füße Jesu und trocknete seine Füße mit ihren Haaren. Das Haus aber wurde von dem Geruch des Salböls erfüllt. Es sagt aber Judas, Simons Sohn, der Iskariot, einer von seinen Jüngern, der im Begriff stand, ihn zu überliefern: Warum ist dieses Salböl nicht für dreihundert Denare verkauft und den Armen gegeben worden? Er sagte dies aber, nicht weil er für die Armen besorgt war, sondern weil er ein Dieb war und die Kasse hatte und trug, was eingelegt wurde. Da sprach Jesus: Erlaube ihr, es auf den Tag meines Begräbnisses aufbewahrt zu haben; denn die Armen habt ihr allezeit bei euch, mich aber habt ihr nicht allezeit.

Johannes 12,1-8

Jesus begegnet
einer verschwenderischen Frau

Viele von Ihnen kennen die Geschichte von Dorie Van Stone bereits. Sie ist durch ihre beiden Bücher *Dorie. Ein verwandeltes Leben* und *Wer wird mein Schreien hören?* bekannt geworden. Überall hört man, dass sie total verliebt in Jesus ist. Wie Maria von Bethanien ist Dorie großzügig, versöhnlich und dem Herrn ganz ergeben. Für ihn und seine Ehre ist ihr nichts zu viel.

Dorie trat 1971 in unser Leben, als wir sie und ihren Mann Lloyd auf einer Konferenz kennenlernten. Sie hatte die Geschichte ihrer Kindheit voll Begeisterung und Gnade erzählt und uns dadurch zu Tränen gerührt – Tränen der Trauer, dass ein Kind so leiden musste, aber auch Tränen der Dankbarkeit, dass Gott jemanden nehmen konnte, der als ein Nichts geboren worden war, und ihn zu einem Jemand für seine Ehre machen konnte.

Dorie wurde unehelich gezeugt und in eine Familie hineingeboren, in der sie weder von ihrer Mutter noch von ihrem Vater gewollt wurde. Im Alter von sechs Jahren wurde sie in einem Waisenhaus in Oakland abgesetzt. Ihre Mutter versprach ihr, sie zu besuchen, kam in den nächsten sieben Jahren aber nur zweimal vorbei. Im Waisenhaus wurde sie körperlich und sexuell missbraucht – eine Geschichte, die von anderen, die im selben Zeitraum im Waisenhaus lebten, bestätigt wurde.

Als eine Gruppe von Studenten einer in der Nähe ansässigen Bibelschule das Waisenhaus besuchte, saß Dorie, das stets freche Mädchen, auf dem Boden und wollte Unfug machen. Die Studenten waren mit ihrem evangelistischen Programm fertig und wollten gerade gehen, als sich eine von ihnen umdrehte und sagte: »Kinder, selbst wenn ihr alles vergesst, was wir euch gesagt haben, denkt immer an eins: *Gott liebt euch!*«

Mit gesenktem Kopf antwortete Dorie in ihrem Herzen: »Gott, sie haben gesagt, dass du mich liebst. Niemand anders tut es.

Wenn du mich willst, kannst du mich haben!« An jenem Abend weinte sie wie immer vor dem Einschlafen, doch diesmal waren es Freudentränen. Etwas war in ihr geschehen, und sie wusste, dass sie Gott gefunden hatte – oder vielmehr, dass Gott sie gefunden hatte.

Nach ihrer Zeit im Waisenhaus wurde Dorie in verschiedene Pflegeheime und -familien gesteckt, wo sie weiterhin missbraucht wurde. Doch sie bekam Kontakt zu einer christlichen Gemeinde, erhielt ein Neues Testament und begann, den Herrn besser kennenzulernen. Sie besuchte eine Bibelschule, heiratete einen gläubigen Mann, und gemeinsam wurden sie Missionare bei einem Volk von Kopfjägern in Neuguinea.

1985 starb Dories lieber Mann Lloyd unerwartet. In den darauffolgenden einsamen Jahren ist Dorie durch die USA und die ganze Welt gereist und hat berichtet, was Gott tun kann, um den Missbrauchten, den Vernachlässigten und den Ungewollten dieser Welt Hoffnung zu verleihen.

Wäre Dorie bei dem Abendessen, von dem in Johannes 12 berichtet wird, anwesend gewesen, wäre sie wie Maria von Bethanien die Erste gewesen, die ihr kostbares Parfümfläschchen öffnet und Jesu Füße salbt. Heute ist Dories Leben von Verschwendung gekennzeichnet. Mit ihrem dürftigen Einkommen unterstützt sie Missionare, und sie kümmert sich unermüdlich um die Ungewollten und Ausgestoßenen. »Ich war so verzweifelt, dass ich mich Gott hingab«, sagt sie. »Deshalb widme ich den Rest meines Lebens seinem Dienst.« Ganz unbekümmert verschenkt sie ihr Leben für den Einen, der sie annahm, als kein anderer es tat.

Liebe kostet etwas.

Fragen Sie nur Maria von Bethanien, die Jesus mit teurem Parfüm salbte. Sie hat die Bedeutung des Wortes *verschwenderisch* neu definiert und die Vorstellung für immer beerdigt, die Liebe sei vorsichtig, berechnend und ohne Risiko. Mit dieser einen Tat der unerschrockenen Hingabe hat diese Frau die Welt verändert. Jesus brach mit der Tradition, indem er zuließ, dass eine Frau ihn berührte und segnete. Im Gegenzug sagte er voraus, dass ihre persönliche Hingabe an ihn unter künftigen Generationen bekannt sein würde. Kein Wunder, dass Frauen zu seinen ergebensten Nachfolgern gehörten.

Dagegen glaubten die Männer zu Jesu Zeit, dass Frauen einen geringeren Intellekt hätten und zu geistlichen und vernünftigen Erkenntnissen nicht fähig wären. Manche Rabbis sagten sogar, es wäre besser, die Worte des Gesetzes zu verbrennen, als sie einer Frau zu überlassen.

Doch Jesus vertraute ihnen sein Wort an. Frauen waren nicht nur ein Teil seines Dienstes, sondern gehörten auch zu seinen engsten Freunden und Vertrauten. Die Geschichte von Jesu Salbung in Bethanien taucht in drei der vier Evangelien auf – bei Matthäus, Markus und Johannes. Auch wenn sich Einzelheiten unterscheiden, ist es offensichtlich, dass diese Verfasser von demselben Ereignis sprechen. Alle von ihnen ordnen diesen Vorfall in die letzten Wochen ein, in denen sich Jesus und seine Jünger auf das Passah vorbereiteten. In dem Wissen, dass er bald sterben würde, verbrachte Jesus eine ruhige Zeit im Dorf Bethanien, im Haus Simons, des Aussätzigen, eines Mannes, den er persönlich geheilt hatte.

Hier wurde zu Jesu Ehren ein Abendessen mit den Schwestern Martha und Maria ausgerichtet. Auch ihr Bruder Lazarus war zu diesem Anlass anwesend. Martha diente, während Lazarus und die anderen mit Jesus zu Tisch lagen. Da nahm Maria still etwa einen halben Liter pures Nardenöl (ein teures Parfüm), goss es über Jesu Füße und trocknete seine Füße mit ihrem Haar. Bald erfüllte der Duft des Parfüms das ganze Haus.

Die Jünger rügten sie für diese Verschwendung, doch wieder einmal nahm Jesus eine Frau in Schutz und machte klar, dass sie geistlich mehr begriffen hatte als diejenigen, die zusahen und Kritik übten. Diese eine Tat der Hingabe bedeutete ihm sehr viel.

In vielen aktuellen Büchern wird behauptet, die Maria, die Jesus bei diesem konkreten Anlass salbte, müsse Maria Magdalene gewesen sein. Manche möchten diese Begebenheit als weiterer Beweis dafür nutzen, dass Jesus und Maria Magdalene vertraute Freunde oder gar ein Liebespaar waren. In *The Woman with the Alabaster Jar* (deutsche Übersetzung: *Die Frau mit dem Alabasterkrug*) verweist Margaret Starbird auf Überlieferungen, die diese Maria von Bethanien mit Maria Magdalene in Verbindung bringen. In der westlichen Kunst ist beispielsweise die Frau, die mit einem Alabasterkrug dargestellt wird, die reumütige Prostituierte, die man damals für Maria Magdalene hielt.

Entgegen dieser Überlieferungen ist Maria von Bethanien nicht Maria Magdalene. Sie wurde immer als Schwester von Martha und Lazarus bezeichnet. Maria Magdalene wird immer *Magdalene* genannt, weil sie aus Magdala in Galiläa stammte. Sie wird durchweg als *Maria Magdalene* bezeichnet, um sie von anderen Frauen namens *Maria* zu unterscheiden. Wir müssen anerkennen, dass es drei unterschiedliche Frauen gibt: die Prostituierte aus Lukas 7 – Maria Magdalene, die in Lukas 8 eingeführt wird – und Maria von Bethanien.

Dies ist verständlicherweise verwirrend, da man im Neuen Testament mindestens fünf verschiedene »Marias« unterscheiden kann. Starbird räumt ein – was sie auch muss –, dass sie nicht beweisen kann, dass Maria Magdalene die Frau war, die Jesus in Bethanien salbte.[47] Nur wenn wir Maria von Bethanien von Maria Magdalene unterscheiden, können wir alle Fakten richtig erklären.

Maria von Bethanien wird in den Evangelien drei Mal erwähnt, und jedes Mal befindet sie sich zu Jesu Füßen (Lukas 10,38-42; Johannes 11,2.31-32; 12,1-8). »Zu seinen Füßen sitzen« war eine damals gebräuchliche Wendung, um auszudrü-

---

47   Margaret Starbird, *The Woman with the Alabaster Jar* (Rochester: Bear and Co., 1993), S. xxi [auf Deutsch erschienen unter dem Titel *Die Frau mit dem Alabasterkrug* (Berlin: Ullstein, 2006)].

cken, dass jemand bei einem Lehrer studierte. Wir haben bereits festgestellt, wie radikal es war, eine Frau den Platz eines Lernenden oder Jüngers einnehmen zu lassen.

Der Duft, der die Welt erfüllte

Es war mutig von Jesus, zum Passahfest nach Jerusalem zu kommen. Schließlich hatten die Behörden den Bann über ihn verhängt (vgl. Johannes 11,57). Die göttliche Uhr tickte. Mit jeder Minute, die verstrich, kam er dem Zeitpunkt näher, an dem er den Erlösungsplan vollenden sollte. Er würde das Passahlamm für die gesamte Menschheit werden. Der in 1. Mose 3,15 vorhergesagte Sieg, dass Christus von Satan verwundet, Satan jedoch von Christus zertreten werden würde, sollte sich in wenigen Tagen ereignen. Die himmlischen Heerscharen und die bösen Geister auf Erden warteten gespannt auf dieses dramatische Ereignis.

Das Ziel, für das Jesus geboren worden war – der Retter der Welt zu werden –, stand unmittelbar bevor. Auf seinen Gedanken und auf seinem Herzen lastete das Gewicht der körperlichen und geistlichen Leiden, von denen er wusste, dass sie auf ihn zukommen würden. Wenige Tage später sollte er die folgenden Worte sagen: »Die Stunde ist gekommen, dass der Sohn des Menschen verherrlicht werde. ... Jetzt ist meine Seele bestürzt, und was soll ich sagen? Vater, rette mich aus dieser Stunde! Doch darum bin ich in diese Stunde gekommen. Vater, verherrliche deinen Namen!« (Johannes 12,23.27-28).

Jesus beschloss, die letzten Tage seines irdischen Lebens in Bethanien zu verbringen. Es ist nicht überliefert, dass er dort ein Wunder tat, doch er versammelte seine engsten Freunde und Jünger um sich. Schon bald sollte er den Schutz der Menschen, die ihn liebten, verlassen und mitten unter eine aufgebrachte Menge treten, die ihn hasste. Diese Gedanken trieben ihn um.

An jenem Abend wurde ein Abendessen zu seinen Ehren veranstaltet. Wie gewöhnlich kochte und bediente Martha, aber dies-

mal beschwerte sie sich nicht. Ihre Schwester Maria (von Bethanien), die oft zu Jesu Füßen saß und seiner Lehre zuhörte, stand
im Begriff, etwas zu tun, was alle verblüffen würde. Außer Jesus.
Ihre Handlung würde deutlich machen, dass sie – anders als die
Jünger – verstanden hatte, was Jesus über sich selbst gelehrt hatte.

Als Jesus zu Tisch lag, trat Maria mit einem Alabastergefäß
zu ihm, einem kleinen Steinfläschchen mit einem langen, dün-
nen Hals. Es enthielt ungefähr einen halben Liter Parfüm aus rei-
nem Nardenöl, einem duftenden Öl aus einer seltenen, in Indien
heimischen Pflanze. Wie es dem antiken Brauch entsprach, brach
sie den Flaschenhals ab. Damit stellte sie sicher, dass die Flasche
nie wieder für jemand anders verwendet werden konnte. Dann
goss sie das teure Parfüm über Jesu Füße und trocknete diese
anschließend mit ihren Haaren ab. Keine ehrbare Frau aus dieser Kultur wäre mit offenem Haar in der Öffentlichkeit erschienen. Doch hier, unter Freunden und in Jesu Gegenwart, machte
die Liebe sich verletzlich. Seine Füße mussten abgetrocknet werden, und Maria warf alle Vorsicht über Bord.

Die Reaktion der Jünger zeigte, dass sie keine Ahnung von
Jesu bevorstehendem Tod hatten. In Markus' Bericht wird deutlich, dass die Jünger Judas' Kritik unterstützten. Er sprach für
sie alle:»Warum ist dieses Salböl nicht für dreihundert Denare
verkauft und den Armen gegeben worden? Er sagte dies aber,
nicht weil er für die Armen besorgt war, sondern weil er ein Dieb
war und die Kasse hatte und trug [o. wegnahm], was eingelegt
wurde« (Johannes 12,5-6).

Judas hatte nicht ganz unrecht. Dieses Pfund Nardenöl kostete dreihundert Denare – ein Jahresgehalt. Ein Mann erhielt für
seine Arbeit etwa einen Denar pro Tag, doch eine Frau verdiente
viel weniger, falls sie überhaupt Arbeit hatte. Wir sollten einen
Moment innehalten und uns den Wert eines Jahresgehalts in
einer kleinen Flasche vorstellen. Ein derartiges Gefäß mit teurem
Parfüm oder Schmuck hatte man oft als Absicherung gegen die
Inflation im Haus. Unabhängig von aktuellen Währungsschwan-
kungen behielt das Parfüm seinen Wert.

Judas vertrat hier eine praktische Auffassung, die denkenden Menschen einleuchtet. Teures Parfüm wegzuwerfen, erscheint niemandem sinnvoll, der sich seinen Lebensunterhalt erbetteln muss. Das Leben ist hart, und Kleidung und Nahrung zu kaufen, kann selbst in guten Zeiten manchmal schwierig sein. Judas ging wahrscheinlich davon aus, dass Jesus ihm zustimmen würde. Hinter seinem hochtrabenden Gerede, man könne das Geld für die Armen verwenden, steckte allerdings ein böses Motiv. Wir lesen:»Er sagte dies aber, nicht weil er für die Armen besorgt war, sondern weil er ein Dieb war und die Kasse hatte und trug [o. wegnahm], was eingelegt wurde.« Er verheimlichte seine Gier. Zudem bedrückte ihn, dass er sah, wie jemand Jesus so innig liebte. Er selbst plante schon im Geheimen, wie er Jesus für dreißig Silberstücke an die Behörden verraten konnte.

Jesus nahm Maria in Schutz.»Lass sie in Frieden! ... Denn Arme habt ihr allezeit bei euch; mich aber habt ihr nicht allezeit« (Johannes 12,7-8; Luther 1984). Bei Markus finden wir noch die zusätzlichen Worte:»Wo irgend das Evangelium gepredigt werden wird in der ganzen Welt, wird auch davon geredet werden, was diese getan hat, zu ihrem Gedächtnis« (Markus 14,9). Welch ein Versprechen für eine bescheidene Frau aus einer einfachen Familie in einer unbedeutenden Stadt!

Erstaunlich!

Hier ist eine freie Übersetzung:»Maria hat ganz bewusst eine riesige Geldsumme für ein wahnsinnig teures Parfüm ausgegeben und es für diesen besonderen Anlass aufgehoben, damit sie mich am Vorabend meines Todes und Begräbnisses salben konnte.« Und Jesus beschrieb ihre Tat als etwas Gutes oder Schönes. Marias Motivation war die Liebe zu Jesus, doch im Rückblick wurde sie von einem göttlichen Plan gelenkt.

Maria hätte Jesus auch einfach sagen können, wie sehr sie ihn liebte, doch man hat ja leicht reden. Sie wollte es *zeigen*. Wir können getrost sagen, dass sie ihre Altersabsicherung für Jesus verwendete. Ihr Herz quoll über vor Liebe. Die Liebe ist unbekümmert und berechnet nie die Kosten. Der Duft dieses Parfüms ist durch die Zeiten gezogen, und Marias Geschichte wurde *tatsächlich* in jeder Generation erzählt, wie Jesus es vorhergesagt hatte. Die Tatsache, dass Sie jetzt diese Zeilen hier lesen, ist ein weiterer Beweis dafür.

Vielleicht kennen Sie die Kurzgeschichte »Das Geschenk der Weisen«. Ein junges amerikanisches Ehepaar, Della und Jim, war sehr arm, aber liebte sich sehr. Dellas Haar war ihr ganzer Stolz. Wenn sie es offen trug, war es so lang, dass es ihr fast als Mantel dienen konnte. Jim hatte eine goldene Taschenuhr, die er von seinem Vater geerbt hatte und die ihm sehr viel bedeutete. Am Tag vor Weihnachten hatten sie nichts, was sie einander schenken konnten.

Aus Liebe beschloss Della, ihr Haar für zwanzig Dollar zu verkaufen, damit sie ihrem Geliebten eine Uhrenkette aus Platin für seine schöne Uhr kaufen konnte. Als Jim an jenem Abend nach Hause kam und Della sah, blieb er wie betäubt stehen. Langsam überreichte er ihr sein Geschenk: eine Garnitur von mit Edelsteinen besetzten Schildpattkämmen für ihr wundervolles Haar – bezahlt mit dem Geld, das er für den Verkauf seiner Uhr bekommen hatte. Die wahre Liebe kann nicht anders schenken als verschwenderisch, freudig und aufopferungsvoll.

David beschreibt seine Liebe zu Gott und sagt: »Ich will dem Herrn, meinem Gott, nicht umsonst Brandopfer opfern« (2. Samuel 24,24). Die Liebe verschenkt keine Reste. Die Liebe schenkt das Teuerste und achtet nicht auf die Folgen.

Die zerbrochene Flasche ist ein Symbol für den Menschen, den Gott gebraucht. Elisabeth Elliot beschreibt Leiden als »etwas haben, was man nicht will, oder etwas wollen, was man nicht hat«. Das könnte sich auf alles beziehen, was uns leiden lässt. So wie Blumen stärker duften, wenn man sie zerdrückt, wird unsere Hingabe tiefer durch die Probleme, die wir ertragen, und durch die Gnade, die wir empfangen haben.

Kein Wunder, dass viele Ausleger hier eine weitere Bedeutung erkennen. In dieser Geschichte sehen wir ein Bild von der Gemeinde, die erfüllt ist von der Erinnerung an diese Tat der

Maria. »Eine liebenswerte Tat bringt etwas von dauerhaftem Wert in die Welt, etwas, was die Zeit nie schmälern kann.«[48] Wir wollen eine positive, leichte und fröhliche Religion. Wir werden nicht gern damit konfrontiert, wie tief die Hingabe sein muss, damit sie Jesus gefällt und die Welt verändert. Manchmal ist Zerbruch der Weg zur Größe. Fragen Sie nur Hiob, Paulus oder auch Jesus, der »an dem, was er litt, den Gehorsam lernte« (Hebräer 5,8). Es gibt wahrscheinlich keinen Menschen, den Gott mächtig gebraucht hat, der nicht zuerst zerbrochen und gedemütigt wurde.

Jesus fragte sozusagen: »Warum rügt ihr ihre maßlose Großzügigkeit?« Wir sollten nicht danach fragen, warum diese Frau bereit war, dieses ganze teure Parfüm zu »verschwenden«, sondern warum uns selbst nicht gleich vergleichbare Beispiele verschwenderischer Liebe in unserer Zeit und Generation einfallen. Leider wird uns nur beigebracht, vernünftig und in festen Summen zu geben. Doch Jesus verlangt von uns noch mehr, als den Armen zu helfen.

Jeder hat eine unterschiedliche Vorstellung davon, wofür man Geld ausgeben sollte, und manchmal ist der Streit darüber berechtigt. Wenn man den Armen etwas gibt, wie soll man es verteilen? Und wenn man ein Waisenhaus baut, wo zieht man die Grenze zwischen angemessen und verschwenderisch? Und wenn man die Mission unterstützen möchte, wie bringt man sein Geld am sinnvollsten ein? Doch wir alle sind uns einig, dass man es auf den ersten Blick als offensichtliche Verschwendung betrachten kann, einem zum Tode verurteilten Mann ein Fläschchen teures Parfüm über die Füße zu gießen.

Die Liebe verschwendet gern. Manchmal tut die Liebe spontane und maßlose Dinge. Manchmal nimmt sie das, was für andere Zwecke gespart wurde, und verschwendet es für einen geliebten Menschen. Das Herz richtet sich nicht immer nach dem Kopf. Die Liebe hat den Vater des verlorenen Sohnes dazu

---

48 William Barclay, *The Gospel of John*, Bd. 2, S. 129.

gebracht, seinen Sohn, der ihn beleidigt hatte, indem er frühzeitig um sein Erbteil gebeten und dann den Familiennamen befleckt hatte, wieder zu Hause aufzunehmen.

»Jesus Christus hat dieser guten Frau ein Denkmal errichtet, das beständiger ist als Messing und bleibender als Marmor. Es wird noch stehen, wenn die stolzen Denkmäler der Erde zerstört sind, wenn die ägyptischen Pyramiden sich unter den Wüstensand gemischt haben.«[49] Dieses Denkmal ist größer als die Freiheitsstatue, die im Hafen von New York die Einwanderer begrüßt. Marias Sockel ist die ganze Welt – denn überall, wo das Evangelium gepredigt wird, wird man ihre Geschichte erzählen. Gelegenheiten, den Armen zu helfen, würde es immer geben, doch es gab nur diese *eine* Gelegenheit, Jesus für seinen Tod und sein Begräbnis zu salben. Was sie tat, war erinnernswert.

Maria wusste, dass nichts zu teuer war, um es Jesus zu schenken. Hatte er ihr nicht das unbezahlbare Geschenk der Vergebung gemacht? Viel eher als all die Männer, die zusahen und sich über ihre Verschwendung beklagten, verstand sie, dass sie sich in der Gegenwart des Einen befand, der ihr höchstes Lob und ihre Verehrung verdient hatte. Sie tat etwas, was niemand von ihnen zu tun wagte. Sie bedauerte den konkreten finanziellen Verlust nicht. Sie bedauerte nur, dass sie nicht noch mehr zu verschenken hatte.

Die Botschaft der Auferstehung

Der Duft von Marias Parfüm hat nicht nur die Welt erfüllt, sondern lehrt die Welt auch etwas.

Welche Botschaft hat sie uns hinterlassen?

Als Erstes eine Botschaft von der Auferstehung. In der Bibel steht nicht, dass Maria tatsächlich wusste, dass Jesus kurz dar-

---

49 Bryan Wharton, *Famous Women of the New Testament* (New York: E. B. Treat Publisher, 1890), S. 232.

auf hingerichtet und beerdigt werden würde. Doch Jesu klare Aussage »Erlaube ihr, es auf den Tag meines Begräbnisses aufbewahrt zu haben« (Johannes 12,7) deutet an, dass sie dieses Parfüm mit der *Absicht*, es für sein Begräbnis zu verwenden, *aufgehoben* hatte. Damals war es üblich, den toten Körper eines geliebten Menschen zu salben. Maria von Bethanien tat das, solange er lebte, statt bis zu seinem Tod zu warten. Das war eine der letzten freundlichen Handlungen, die Jesus erlebte. Maria begriff etwas, was andere nicht verstanden.

Woher wusste sie das? Zweifellos wusste sie es, weil sie genau aufgepasst hatte, wenn der Meister redete. Sie war diejenige, die zu seinen Füßen saß und sein Wort hörte. Jesus hatte seit einiger Zeit über sein Begräbnis gesprochen. Dabei erwartete er, dass die Jünger es verstanden – was aber nicht der Fall war. Petrus machte ihm Vorwürfe, und auch die anderen Jünger glaubten, dass sein Tod nicht mit seinem Auftrag zusammenpasste. Sogar nach seinem Tod glaubten die Jünger erst spät an die Auferstehung.

Doch Maria verstand es.

Interessanterweise wird nicht erwähnt, dass Maria von Bethanien am Ostermorgen zum Grab ging, um den Leichnam einzubalsamieren. Sie hatte ihr Geschenk hergegeben, solange er am Leben war, und hielt es nicht für nötig, dies später zu tun. Natürlich spricht es für die anderen Frauen, dass sie Gewürze brachten und ihrem Retter ein ordentliches Begräbnis verschaffen wollten. Doch diese Maria hatte ihn *bereits* gesalbt.

Das könnte uns auch eine weitere Erklärung für ihr offenes Haar liefern. In Kummer und Trauer traten die Juden ungekämmt auf, und Maria hielt sich an den damaligen Brauch. »Sie wusste, dass sie ihren großen Lehrer für das Begräbnis salbte, dass ihr verschwenderisches Geschenk noch am Kreuz und im Grab an ihm haften würde. Ihr zerzaustes Haar passte zu ihrer Trauerstimmung.«[50]

---

50   M. Madeline Southard, *The Attitude of Jesus Toward Women*, S. 46.

In einem Bestattungsunternehmen hier in Chicago schrieb ein Vater einen Zettel und schob ihn unter die Hand seines toten Sohnes, der in einem Sarg lag. Darauf stand einfach:»Ich liebe dich.« Wie viel besser wäre es gewesen, diese Worte zu sagen, als der Junge noch lebte? Wie viel besser ist es, Blumen zu schenken, wenn sich unsere Lieben darüber freuen können, statt zu warten, bis sie den Sarg schmücken?

Zweitens predigte sie eine Botschaft der Gnade. Ihre freundliche Tat sollte unserer kaputten Welt als Vorbild dienen. Ihre Hingabe zu Jesus kostete sie viel, doch im Gegenzug segnete sie Generationen, denen sie nie begegnen würde. Sie erinnert uns daran, dass die Gnade, die wir durch Jesus empfangen, nicht nur unsere persönliche Hingabe verdient hat, sondern auch eine Botschaft ist, die wir der Welt bringen müssen.»Immer, wenn wir lieben, steigt das Risiko, dass wir verletzt werden. Doch die Gemeinde des Neuen Testaments hat die Welt gewonnen, weil sie mehr geliebt hat als alle anderen.«[51]

Eine liebevolle Geste kann ein Kind, eine Ehe oder eine Gemeinde verändern. Es gibt verborgene Segnungen, die wir nicht sehen können, die aber noch in Ewigkeit Bestand haben.

Eine Lektion, die uns verändert

Die Liebe überschlägt nicht die Kosten. Wenn man Jesus liebt, ist man bereit, falsch verstanden zu werden. Man ist bereit, Risiken einzugehen. Man ist bereit, alles zurückzulassen und ihm zu folgen. Man ist bereit, eine gut bezahlte Stelle abzulehnen und stattdessen unterbezahlt und mit wenig Anerkennung in einem fremden Land zu arbeiten. Warum? Weil *die Liebe zu Jesus andere Prioritäten übertrumpft.*

Von Maria können wir etwas über Verschwendung lernen. Das zerbrochene Gefäß wurde auf den zerbrochenen Körper aus-

---

51 Alan Clason, »The Value of Broken Things«, in: *Alliance Witness*, 1. April 1987.

gegossen. Als der Apostel Paulus die Gebote für das Abendmahl mit der Gemeinde in Korinth bespricht, erwähnt er die Szene des letzten Abendmahls, als Jesus das Brot bricht: »Das ist mein Leib, der für euch gebrochen wird; dies tut zu meinem Gedächtnis« (1. Korinther 11,24; Schlachter 2000). Jesus wusste, was es heißt, zerbrochen zu sein: Sein Leben wurde für uns hingegeben, damit er uns durch diesen Beweis seiner Liebe Vergebung anbieten konnte. »Um unserer Übertretungen willen war er verwundet, um unserer Ungerechtigkeiten willen zerschlagen« (Jesaja 53,5). Seine Zerschlagenheit ist die Grundlage für unsere eigene Erlösung.

Vergleichen Sie Maria mit Judas' Geiz. Interessanterweise bezeichnete Judas dieses Geschenk als *Vergeudung* (vgl. Markus 14,4). Später bezog Jesus dasselbe griechische Wort auf Judas selbst, als er in seinem Gebet zu seinem Vater sagte: »Keiner von ihnen ist verloren gegangen – als nur der Sohn des Verderbens, damit die Schrift erfüllt würde« (Johannes 17,12). Das Wort *Verderben* ist dasselbe Wort, das bei Markus mit *Vergeudung* übersetzt wird.

Judas kritisierte Maria also dafür, dass sie Geld »vergeudete«, doch er selbst vergeudete sein ganzes Leben. Maria gab ihr Bestes in Liebe und Hingabe – Judas gab sein Schlechtestes in Selbstsucht und Rebellion. Er löste das Problem, wie die Obersten der Juden Jesus verhaften konnten, ohne auf dem Fest einen Aufruhr auszulösen. Er verkaufte Jesus für den Preis eines Sklaven. In Jesu Gegenwart wurde sein Herz härter, nicht weicher.

Letztlich ist nichts, was man für Christus tut, vergeudet. Paulus nennt die finanzielle Unterstützung, die er erhielt, »einen duftenden Wohlgeruch, ein angenehmes Opfer, Gott wohlgefällig« (Philipper 4,18). Der Duft unserer Geschenke und guten Werke vergeht, doch für Jesus ist er immer gegenwärtig.

Durch Marias Hingabe wurde das Haus mit dem Duft gesegnet. Auch das Dorf wurde gesegnet, denn heute ist es als damaliger Wohnort von Maria und Martha und Lazarus bekannt. Und die ganze Welt wird gesegnet, weil der Duft von

Marias Anbetung zu uns in unsere hektische und undankbare Gesellschaft herüberweht. Und natürlich wurde *Jesus* gesegnet.

Vor einigen Jahren reiste Karen, die Frau eines unserer Pastoren, mit einer Gruppe nach Namibia in Afrika, um den hungernden Menschen im Flüchtlingslager Osire Nahrung und Kleidung zu bringen. Sie war entsetzt über die schlimmen Bedingungen, unter denen diese Menschen lebten – Eltern, die sich selbst zu Tode hungerten, damit sie ihren Kindern ihr Essen geben konnten. Dennoch hatten die Christen trotz ihres Leidens Freude. Während sie eines Nachts die Ratten in ihrem Zelt herumhuschen hörte, wurde Karen von Gott berufen, diesen Menschen zu helfen. Seit dieser ersten Reise ist sie mehr als zehn Mal nach Osire gefahren und hat auch andere mitgenommen. Sie hat in unserer Gemeinde angeregt, dass wir ein Frauenzentrum und ein Gemeindegebäude für die Gläubigen dort bauen. Sie hat den Frauen verschiedene Dinge beigebracht – zum Beispiel, wie man Steppdecken macht. Und sie hat fünf Sattelanhänger voller Kleidung, Nahrung, Sanitätsartikel und Ausrüstung organisiert, die in das Flüchtlingslager geschickt wurden. Karens zielstrebige Hingabe an Christus hat Tausenden Hoffnung und großen Segen gebracht.

Vor vielen Jahren ging abends immer ein Mann durch die Straßen und zündete die Lampen an den Straßenrändern an. In der Abenddämmerung konnte man den Lampenanzünder nicht sehen, doch an den Lichtern, die er hinterließ, erkannte man, wo er gewesen war. So werden auch wir sterben und auf dieser Erde nicht mehr zu sehen sein, doch andere werden die guten Taten sehen, die wir zurücklassen. »Glückselig die Toten, die im Herrn sterben, von nun an! Ja, spricht der Geist, damit sie ruhen von ihren Arbeiten, denn ihre Werke folgen ihnen nach« (Offenbarung 14,13). Wie ein Stein, der in einen Teich geworfen wird, ziehen auch unsere Werke in Ewigkeit Kreise.

Wehren wir uns nicht gegen das Zerbrechen und Zerdrücken, das Gott in unser Leben bringt. Hätte man keine Blumen zerdrückt, hätte Maria kein Parfüm gehabt, das sie Jesus schenken konnte. So zerdrückt unser Meister auch uns, damit wir mit unserer Anbetung und unserem Dienst zu seinem Duft werden. Wir werden von ihm zerbrochen, damit wir eine von der Sünde zerbrochene Welt gewinnen. Das Weiseste, was wir tun können, ist, unser Leben zu verlieren, damit wir es um des Reiches Gottes willen gewinnen. »Wer sein Leben findet, wird es verlieren, und wer sein Leben verliert um meinetwillen, wird es finden« (Matthäus 10,39). Zu dieser Art von Hingabe beruft uns Jesus, damit wir eine zerbrochene Welt gewinnen. Was wir für uns selbst zurückhalten, geht verloren – was wir Jesus geben, bleibt. »Unseren wertvollsten Besitz, unseren größten Schatz sollten wir Jesus zu Füßen legen.«[52]

Ein Gebet

Himmlischer Vater, gib mir Marias Herz! Lass mich bereit sein, dich verschwenderisch und aufopferungsvoll zu lieben. Lehre mich, was es kostet, dich anzubeten. Zeige mir, was ich noch vor deiner Herrschaft und deinen Zielen zurückhalte. Mit deiner Hilfe bin ich bereit, mich von deiner liebenden Hand zerdrücken zu lassen. Ich wünsche mir nur eines: dir zu gefallen und dir einen Duft zu schenken, der in alle Ewigkeit anhält. Bitte zeige mir, welches Opfer du von mir willst. In Jesu Namen, Amen.

---

52 Ebd.

Und es geschah danach, dass er nacheinander Stadt und Dorf durchzog, indem er predigte und das Reich Gottes verkündigte. Und die Zwölf waren bei ihm, und einige Frauen, die von bösen Geistern und Krankheiten geheilt worden waren: Maria, genannt Magdalene, von der sieben Dämonen ausgefahren waren, und Johanna, die Frau Chusas, eines Verwalters des Herodes, und Susanna und viele andere Frauen, die ihm mit ihrer Habe dienten.

Lukas 8,1-3

Jesus, Maria Magdalene und die Legenden

»Die Ehe zwischen Jesus und Maria Magdalena ist historisch verbürgt«, schreibt Dan Brown in seinem Erfolgsroman *Sakrileg*.[53] Er ist nicht der Erste, der Jesus und Maria als Ehepaar miteinander in Verbindung bringt. Das Buch *The Holy Blood and the Holy Grail* (deutsche Übersetzung: *Der Heilige Gral und seine Erben*) von Michael Baigent, Richard Leigh und Henry Lincoln, dem Dan Brown viele seiner Gedanken verdankt, hat dieses Thema schon 1982 erörtert.

Dieses Thema bewegt viele Frauen. Sie sind der Meinung: Falls Jesus *wirklich* verheiratet war und die Wahrheit unterdrückt wurde, muss man die ganze Geschichte erzählen, um Maria Magdalene zu rehabilitieren und zu beweisen, dass Jesus eigentlich wollte, dass Frauen in der christlichen Gemeinde gleichberechtigt sind. Viele Bücher und Fernsehsendungen beschäftigen sich heutzutage mit der Beziehung zwischen Jesus und Maria.

Dan Brown meint, Jesus habe die Kirche eigentlich auf Maria Magdalene gründen wollen, doch machthungrige Männer hätten ihr diese Rolle weggenommen und Petrus die Verantwortung übertragen. Brown behauptet, als Maria Magdalene am Kreuz weinte, sei sie nicht nur Jesu Ehefrau, sondern auch mit seinem Kind schwanger gewesen. Um ihrer Sicherheit willen floh sie nach Ägypten und später nach Frankreich, wo ihre Tochter Sarah in die französische Linie der merowingischen Könige einheiratete. Browns Theorien werden offensichtlich von manchen Menschen benutzt, um die Geschichte neu zu schreiben und Maria Magdalene eine größere Rolle bei der Entstehung der Kirche zuzuweisen.

---

53 Dan Brown, *Sakrileg*, S. 336.

Margaret Starbird, eine fromme Katholikin, hat das Buch *The Woman with the Alabaster Jar* (deutsche Übersetzung: *Die Frau mit dem Alabasterkrug*) verfasst. In diesem Buch behauptet sie, auf Grundlage dessen, was wir als historische Wahrscheinlichkeit bezeichnen könnten, sei es eine vernünftige Annahme, dass Jesus in der Tat Marias Ehemann war.

Wenn das wahr wäre, warum sollte die Kirche dieses Geheimnis vor der breiten Öffentlichkeit verbergen? Warum wurde Jesu Ehe nicht in die kanonischen Evangelien aufgenommen? Die Antwort lautet laut Starbird, dass ein solches Wissen eine Gefahr für Marias Leben dargestellt hätte und deshalb die Einzelheiten ihrer Beziehung nie schriftlich festgehalten wurden. Weiter schreibt sie: »Natürlich kann ich nicht beweisen, dass die Gralslehre stimmt – dass Jesus verheiratet war oder dass Maria Magdalene die Mutter seines Kindes war. ... Aber ich *kann* nachweisen, dass der Glaube an diese Dinge im Mittelalter weit verbreitet war, dass sich in zahlreichen Werken der Kunst und Literatur Relikte dieser Lehre finden, dass sie von der Hierarchie der offiziellen Kirche in Rom stark angegriffen wurde und dass sie trotz unnachgiebiger Verfolgung überlebt hat.«[54]

The Da Vinci Code (das amerikanische Original von *Sakrileg*) heißt so, weil er besagt, dass Leonardo da Vinci einer Gruppe namens *Prieuré de Sion* angehörte, einer Organisation, die über die Ehe zwischen Jesus und Maria genau Bescheid wusste. Dieser exklusive Klub gab dieses Geheimnis mit einer ausgefeilten Zeremonie von einer Generation an die nächste weiter. Leonardo, angeblich ein Mitglied des Priorats, konnte nicht öffentlich über sein Wissen sprechen, da er sich damit den heftigen Zorn der Kirche zugezogen hätte. Deshalb musste der große Maler darauf zurückgreifen, die ketzerischen Wahrheiten in seinen Gemälden zu verschlüsseln.

In seinem berühmtesten Gemälde, *Das Abendmahl*, so Brown weiter, stellte da Vinci Maria Magdalene als neben Jesus sitzend

---

54 Margaret Starbird, *The Woman with the Alabaster Jar*, S. xxi.

dar. Es handele sich dabei nicht um den Apostel Johannes, wie allgemein angenommen wird. Und es befinde sich kein Abendmahlskelch auf dem Tisch, da Maria selbst der Kelch ist, der heilige Gral, weil sie Jesu Kind und damit sein Blut trug. Es heißt, dass geheime Dokumente diese Schlussfolgerungen bestätigen könnten, wenn sie veröffentlicht werden würden.

Wir sollten nebenbei bemerken, dass die meisten Kunsthistoriker darauf beharren, dass wirklich Johannes zur Rechten Christi sitzt und nicht Maria, wie es der fiktive Bericht in *Sakrileg* will. Und es befand sich kein Abendmahlskelch auf dem Tisch, weil es Leonardo um den Verrat ging, nicht um das Abendmahl an sich. Der Gedanke, Maria sei der Kelch, weil sie Jesu Kind in sich trüge, ist eine recht neue Erfindung.

Diese alternative Geschichte von den Anfängen des Christentums wird in der heutigen Zeit ausgiebig erforscht, besonders von denjenigen, die behaupten, in der frühen Kirche hätten Frauen eine bessere Stellung gehabt als in späteren Jahrhunderten. Auf den Wänden einiger Katakomben in Rom finden sich Bilder von Frauen mit zum Gebet erhobenen Händen, die offenbar das Amt einer Bischöfin übernehmen. Deshalb glauben manche, wenn man nachweisen könnte, dass Jesus mit Maria verheiratet war, würde dies die Vermutung einiger Menschen bestätigen, dass Jesus alle einschloss und die Kirche die Wahrheit unterdrückte, um die Herrschaft und Macht der Männer beizubehalten.

Mit der Entdeckung der gnostischen Evangelien 1945 wurde in der Diskussion über Maria Magdalene ein ganz neues Kapitel aufgeschlagen. Die Gnostiker (was sich von dem Wort *gnosis* für *Erkenntnis* ableitet) lebten kurz nach Jesu Lebzeiten und behaupteten, sie besäßen Erkenntnis durch esoterische Erlebnisse (das heißt Erkenntnis, die nur einem kleinen Kreis von Eingeweihten offenbart wird). Diese sogenannte *Gnosis* sorgte für Einblicke, die nur den Erleuchteten offenstanden.

Die gnostische Version des Christentums war unter anderem frauenfreundlicher als die frühe Kirche des Neuen Testaments.

Gott wird manchmal als androgyn beschrieben – das heißt männlich und weiblich zugleich. In manchen der gnostischen Texte ist die Rede von sexuellen Ritualen, in anderen finden sich verworrene Hinweise auf Lehren über Jesus und seine Jünger. Die Gnostiker glaubten, dass wir Jesus durch Selbstbetrachtung, nicht durch die Betrachtung der Aufzeichnungen über die objektive Geschichte begegnen könnten.

Die frühen Kirchenväter hielten die Gnostiker für Ketzer, die aus Jesu echten Lehren Teile entnahmen, um ihre eigenen Theorien von der persönlichen Erleuchtung zu rechtfertigen. Wissenschaftlern waren die Lehren der Gnostiker seit Langem durch die Linse der Schriften dieser frühen Kirchenväter bekannt, die sich gegen diese verbreitete Irrlehre aussprachen. Die tatsächlichen Dokumente der Gnostiker waren jedoch verloren und der Welt nicht bekannt.

Dann kam es 1945 zu einer Entdeckung in der Nähe der Stadt Nag Hammadi in Ägypten, bei der man die vor langer Zeit vergrabenen Schriftstücke fand. Verständlicherweise waren sie für Wissenschaftler sehr reizvoll und gaben einigen Aufschluss über die frühen Jahrhunderte der Kirche. Unter diesen Texten sind mehrere Evangelien, die man Jesu Nachfolgern zuschreibt. Das *Thomas-Evangelium* soll angeblich sogar 114 Sprüche von Jesus selbst enthalten.

Welcher Zusammenhang besteht zwischen diesen Schriftstücken und Maria Magdalene? Es wird mehrfach erwähnt, dass sie ein enges Verhältnis zu Jesus hat. Maria wird sogar als Lieblingsjüngerin Jesu dargestellt, der er besondere Aufmerksamkeit schenkte. Diese Schriftstücke ergänzen also *scheinbar*, was bei unserer Untersuchung der Beziehung von Jesus und Maria gefehlt hat.

In *Sakrileg* heißt es, die Kirche habe mit der Vertuschung der Wahrheit über Jesu Ehe mit Maria »die größte Verschleierungsaktion in der Geschichte der Menschheit« durchgeführt. Betrachten wir deshalb die Belege für diese Ehe in den beiden wichtigsten Texten außerhalb des Neuen Testaments, die tatsächlich von Jesus und Maria handeln. Zunächst lesen wir im *Philippus-Evangelium*:

> *Und die Gefährtin von Christus ist Maria Magdalene. Der Herr liebte sie mehr als alle anderen Jünger, und er küsste sie oftmals auf ihren Mund. Die übrigen Jünger, sie sagten zu ihm:* »Weshalb liebst du sie mehr als uns alle?« *Es antwortete der Erlöser, er sprach zu ihnen:* »Weshalb liebe ich euch nicht so wie sie? *Wenn ein Blinder und einer, der sieht, beide im Finsteren sind, sind sie nicht voneinander unterschieden. Wenn aber das Licht kommt, wird der, der sieht, das Licht sehen, und der Blinde wird im Finsteren bleiben.*«[55]

Sie sollten wissen, dass aufgrund der schlechten Qualität des Papyrus ein oder zwei Wörter fehlen. Der Text lautet:»Jesus küsste sie oftmals auf ihr [Lücke] ...« Die Wissenschaftler füllen die Lücke deshalb mit dem Wort *Mund, Gesicht, Stirn* etc. Soviel wir wissen, hätte der Text eigentlich auch einfach »die Hand« oder »die Wange« lauten können, da die Aussage unterstellt, dass er auch seine anderen Schüler küsste – vermutlich auf die Wange, wie es im Nahen Osten üblich ist.

Dass Maria hier als Jesu Gefährtin dargestellt wird, ist vielleicht der beste vorhandene Hinweis auf ihre angebliche Ehe. Das Wort für *Gefährtin* bedeutet jedoch nicht Ehegatte, sondern vielmehr Schwester oder einfach *Gefährtin*, wie es hier auch über-

---

55 *Bibel der Häretiker: Die gnostischen Schriften aus Nag Hammadi*, eingeleitet, übersetzt und kommentiert von Gerd Lüdemann und Martina Janßen (Stuttgart: Radius-Verlag, 1997), S. 158f.

setzt wurde. Es gibt keinen Beweis dafür, dass sie als Ehemann und Ehefrau angesehen wurden.

Ist dieser Bericht also glaubwürdig? Ehe wir darauf eine Antwort geben, sollten wir uns ins Gedächtnis rufen, dass Wissenschaftler davon ausgehen, dass dieses Buch etwa in der Mitte des 3. Jahrhunderts geschrieben wurde, ungefähr zweihundert Jahre nach Jesu Lebzeiten – man kann es also nicht gerade als Augenzeugenbericht beschreiben. Wessen Beschreibung von George Washington würden Sie eher Glauben schenken: den Berichten von Menschen, die ihn tatsächlich kannten und mit ihm zusammenlebten, oder der Beschreibung von jemandem, der 200 Jahre nach George Washington lebte – vor allem, wenn sie wüssten, dass der spätere Verfasser George Washington seine eigenen politischen Gedanken in den Mund legen wollte?

Im Rest des *Philippus-Evangeliums* wird Jesus als eines von vielen Wesen dargestellt, die aus Gott hervorgegangen sind. Derartige Texte sollen offenkundig eine heidnische Philosophie darlegen, nicht jedoch etwas Glaubwürdiges über Jesus schreiben. Man kann schreiben, was man will, wenn man die historischen Tatsachen außer Acht lässt.

Wir haben keine Ahnung, wer dieses Evangelium verfasst hat. Ganz sicher war es nicht der Philippus des Neuen Testaments, sondern ein Pseudo-Autor, der eine Unmenge von zusammenhanglosen gnostischen Gedanken zusammenflickte. Die gnostischen Verfasser benutzten die Namen der Apostel, um ihren Schriften Glaubwürdigkeit zu verleihen. Vielleicht schrieb dieser unbekannte Verfasser diese Stelle, weil im 3. Jahrhundert bereits Legenden über Maria Magdalene im Umlauf waren. Auf jeden Fall verfolgte er eigene Ziele und versuchte, sie mit den nötigen Mitteln zu erreichen.

In einem weiteren gnostischen Buch mit dem Titel *Das Evangelium der Maria* wird berichtet, wie Jesus Maria Magdalene eine besondere Offenbarung gibt. Auf Petrus' Bitte erzählt sie den anderen Jüngern von einer Vision, die sie mit Jesus hatte, und wie sie ihn fragte, ob man eine Vision durch die Seele oder durch den Geist sieht. Jesus antwortete:»Weder durch die Seele noch durch den Geist sieht er sie, sondern der Verstand, der in der Mitte von diesen beiden ist, er ist es, der die Vision sieht ...«

Nach einigen ziemlich verworrenen Erläuterungen über die Seele fragt Petrus:»Sprach er etwa mit einer Frau heimlich vor uns und nicht offen? Sollen wir umkehren und alle auf sie hören? Hat er sie mehr als uns erwählt?« Maria fängt an zu weinen und versichert Petrus, dass sie das Ganze nicht erfunden hat.

Da mischt sich Levi in das Gespräch ein und sagt:»Petrus, von jeher warst du jähzornig. Jetzt sehe ich, wie du dich ereiferst gegen die Frau wie die Feinde. Wenn der Erlöser sie aber würdig gemacht hat, wer bist denn du selbst, sie zu verwerfen? Da der Erlöser sie genau kannte, liebte er sie mehr als uns.«[56] Dann werden die Jünger ermahnt, hinauszugehen und zu predigen, was sie auch tun.

Ich halte diesen Bericht für einen weiteren Versuch der Gnostiker, ihre Geheimlehren von der Erkenntnis nur für den engen Kreis der Erleuchteten zu legitimieren. Dieser Bericht wurde vermutlich aus zwei Gründen aufgenommen: erstens, um zu betonen, dass Frauen predigen dürfen sollten, und zweitens – was noch wichtiger ist –, dass persönliche Offenbarungen von Gott denselben Stellenwert haben wie die Lehren der Bischöfe. Als erste Zeugin der Auferstehung lag es nahe, Maria Magdalene, die eine wichtige Rolle in den Evangelien spielt, für diesen Dialog auszuwählen.

Obwohl wir allen Grund haben, die Berichte in diesen beiden gnostischen Evangelien abzulehnen, sollten wir anmerken, dass selbst wenn sie korrekt wären, die Behauptung zu weit ginge, dass sie auf eine romantische Beziehung zwischen Maria und Jesus hinweisen, noch viel weniger auf eine Ehe. An dieser Stelle, wie auch an vielen anderen Stellen, stützt *Sakrileg* seine Schluss-

---

56 Gerd Lüdemann, *Das Judas-Evangelium und das Evangelium nach Maria: Zwei gnostische Schriften aus der Frühzeit des Christentums* (Stuttgart: Radius-Verlag, 2006), S. 98 u. 105.

folgerungen auf erfundene Daten – in der Hoffnung, dass leichtgläubige Leser diesen Märchen Glauben schenken.

Die Legenden

Während ich (Erwin) mich mit diesem Thema beschäftigte, las ich auch das Buch *The Templar Revelation* von Lynn Picknett und Clive Prince. In diesem Buch wird ausführlich dargelegt, dass Jesus und Maria verheiratet waren oder zumindest eine sexuelle Beziehung hatten. Die Autoren besuchten die Magdalenenschreine in Südfrankreich, wo um das 9. Jahrhundert herum Legenden über Maria aufkamen. Mit ihrem Buch wollen sie diese volkstümlichen Überlieferungen erläutern und für deren Glaubhaftigkeit eintreten. Dabei wird versucht, die traditionelle Lehre über Jesus, wie wir sie im Neuen Testament finden, zu zerstören.

Auf ihren Reisen entdeckten die Autoren einen Zusammenhang zwischen Legenden über Maria Magdalene, der heidnischen Göttin Isis und dem mit Maria, der Mutter Jesu, verbundenen Mutter-Kind-Kult. Außerdem gibt es überall dort, wo sich Zentren der Verehrung von Maria Magdalene finden, auch Schreine und Mythen über Johannes den Täufer. Die Verfasser behaupten, dass sich Johannes Jesu Autorität gar nicht unterordnete, wie es im Neuen Testament heißt, sondern dass vielmehr Jesus ein Jünger von Johannes war. Und Johannes' gesalbter Nachfolger war in Wirklichkeit der in der Apostelgeschichte erwähnte gnostische Zauberer Simon Magus.

Falls Sie immer noch nicht genug haben, überrascht es Sie vielleicht, aus *The Templar Revelation* zu erfahren, dass Jesus, Johannes der Täufer und Maria Magdalene alle eine »gnostische Erkenntnis des Göttlichen« hatten, Menschen tauften und diese damit in die »antike okkulte Tradition« einführten. Die Wunder von Simon Magus waren wie die Wunder Jesu ein wesentlicher Bestandteil dieser religiösen Übung. »Rituale waren von zentraler Bedeutung für diese Bewegung, von der ersten Taufe bis zum Nachspielen der ägyptischen Mysterien. Doch der wichtigste Initiationsritus war die sexuelle Ekstase.«[57]

Falls Sie sich fragen, worin das Ganze seinen Ursprung hat, müssen Sie wissen, dass die Autoren grundsätzlich nach folgender Methode arbeiten: Sie nehmen alle Legenden und okkulten Praktiken der Antike und interpretieren die Berichte des Neuen Testaments angesichts dieser esoterischen Mythologien. Das heißt, sie zwängen die Geschichten des Neuen Testaments in heidnische Mythen und Rituale hinein. Deshalb sollte es uns nicht verwundern, dass sich Jesus selbst als Sohn einer Göttin entpuppt und sich die Salbung durch Maria von Bethanien (die die Autoren mit Maria Magdalene gleichsetzen) als ein von einer Priesterin durchgeführtes sexuelles Ritual erweist.»Jesu Salbung war ein heidnisches Ritual: Die Frau, die es durchführte – Maria von Bethanien –, war eine Priesterin. Angesichts dieses neuen Szenarios ist es mehr als wahrscheinlich, dass ihre Rolle im Kreis Jesu die einer sexuellen Initiantin war.«[58]

Christen sollten über derartige Unterstellungen entsetzt sein. Doch wenn Mythologien einmal den Status von geschichtlichen Tatsachen erhalten und Verbindungen zwischen scheinbar zusammenhängenden Ereignissen erfunden werden, kann man den Aufzeichnungen der Vergangenheit jede beliebige Wendung geben. Und dann kann man weiter behaupten, dass die echte »Wahrheit« aus der Bibel gestrichen wurde, weil die Kirche schon immer die sexuelle Unterdrückung und die Erniedrigung der Frauen befürwortet habe. Die machthungrige, geldgierige Kirche sei ja schließlich schon immer für die Überlegenheit der Männer, strenge Kontrollen und die Ablehnung des »göttlich Weiblichen« eingetreten.

Es ist unglaublich, dass okkulte Verfasser das Neue Testament so verdrehen, dass ein okkulter Text daraus wird. Genau jene Schriften, die uns zu einem heiligen und reinen Leben aufrufen,

---

57 Lynn Picknett und Clive Prince, *The Templar Revelation: Secret Guardians of the True Identity of Christ* (New York: Touchstone Books, Simon & Schuster, 1998), S. 350.
58 Ebd., S. 258.

werden benutzt, um unmoralische heidnische Vorstellungen zu bestätigen. Stellen Sie sich vor, dass Jesus, der sagte:»Jeder, der eine Frau ansieht, sie zu begehren, hat schon Ehebruch mit ihr begangen in seinem Herzen« (Matthäus 5,28) – dass dieser Jesus ein okkultes Sexritual gutheißt und offensichtlich daran teilnimmt!

Wir können einen Vergleich des Irenäus (130–200 n. Chr.) nachvollziehen, als er sich dazu äußerte, wie die Gnostiker zu seiner Zeit die Bibel benutzten. Er sagte, dies wäre so, als würde man ein schönes Bild eines Königs nehmen und es neu zusammenfügen, sodass es einen Fuchs darstelle. Kein Wunder, dass Petrus im Zusammenhang mit Irrlehrern schrieb:»Und viele werden ihren Ausschweifungen nachfolgen, derentwegen der Weg der Wahrheit verlästert werden wird. Und durch Habsucht werden sie euch ausbeuten mit erdichteten Worten« (2. Petrus 2,2-3). So war es damals, und so ist es heute noch!

Weitere Einschätzungen

Es heißt oft, die frühe Kirche habe Maria Magdalene als»Apostel für die Apostel« betrachtet. Das wird nicht ausdrücklich in einem antiken Text so formuliert, sondern von Hippolyt von Rom (ca. 170–235 n. Chr.) angedeutet, der Frauen als Apostel ansah. In seinem Kommentar zum Hohelied Salomos schreibt er:»Um zu verhindern, dass die weiblichen Apostel den Engeln nicht glaubten, kam Christus persönlich zu ihnen, auf dass die Frauen Apostel Christi würden und durch ihren Gehorsam Evas Sünde wiedergutmachten. ... Christus zeigte sich den (männlichen) Aposteln und sprach zu ihnen: ... ›Ich bin es, der diesen Frauen erschien und sie euch als Apostel senden wollte.‹«[59]

Es ist bemerkenswert, dass Maria nicht namentlich als»Apostelin« hervorgehoben wird, auch wenn sie in der Aussage, dass

---

59 Darrell L. Bock, *Die Sakrileg-Verschwörung*, Gießen: Brunnen, 2006, S. 24.

Frauen Apostel sind, eingeschlossen ist. Diese Aussage bezieht sich also auf alle Frauen, die Jesus nachfolgten und Zeuginnen des leeren Grabes waren. Hippolyt von Rom kann diese Frauen natürlich »Apostel« nennen, doch wir müssen bedenken, dass seine persönliche Meinung nicht so schwer wiegt wie der Kanon der Heiligen Schrift.

Interessanterweise heißt es in *Sakrileg*, dass »die Sieger Geschichte schreiben«. Damit wird unterstellt, dass die Verfasser des Neuen Testaments eigene Ziele verfolgten und deshalb unliebsame Tatsachen vertuschten und nur für das eintraten, was die männlichen Leiter preisgeben wollten. Doch dieselben modernen Wissenschaftler nehmen die Aussagen der Verfasser der gnostischen Evangelien für bare Münze, als ob die Gnostiker, die lange nach Jesus lebten und unter Vorspiegelung falscher Tatsachen schrieben, glaubwürdiger wären. Sogar wenn wir sagen, dass die Gnostiker nicht die »Sieger« waren, opferten sie bereitwillig ihre Integrität, um ein breiteres Publikum zu erreichen.

Wenn wir Zeit hätten, die Glaubwürdigkeit des Neuen Testaments mit der Glaubwürdigkeit der gnostischen Evangelien zu vergleichen, würden wir schnell feststellen, dass die Beweise für die Zuverlässigkeit des Neuen Testaments überwältigend sind. Die gnostischen Evangelien geben dagegen nicht vor, eine Geschichte von Jesus oder überhaupt irgendeine historische Darstellung zu sein. Sie sind esoterische Schriftstücke, die religiöse Erlebnisse behandeln – keine nachweisbaren geschichtlichen Ereignisse. Es ist unglaubwürdig, wenn manche Autoren die gnostischen Evangelien auf Kosten der historisch nachweisbaren Berichte des Neuen Testaments verherrlichen wollen.

Gibt es noch weitere Gründe, die für eine Ehe zwischen Jesus und Maria Magdalene sprechen? Margaret Starbird wendet ein, dass die jüdische Tradition erforderte, dass Jesus als Rabbi verheiratet war. Uns muss jedoch klar sein, dass Jesus streng genommen kein Rabbi war und sich auch nicht als solcher ausgab. Bock weist darauf hin, dass die Apostel Jesus »Rabbi« nannten, weil er ihr Lehrer war, dass er aber im damaligen Judentum kein offizielles Amt einnahm. Dies erklärt, weshalb die Juden Jesus fragten, mit welcher Vollmacht er bestimmte Dinge tat – er besetzte keine offizielle Position und hatte keine anerkannte Stellung innerhalb des Judentums.[60]

Außerdem lobte Jesus diejenigen, die um des Reiches Gottes willen unverheiratet blieben. Auch wenn etwas anderes von ihm erwartet worden sein mag, hielt Jesus es also sicherlich nicht für notwendig, verheiratet zu sein, um seine Aufgabe zu vollenden.

In 1. Korinther 9,4-6 führt Paulus aus, dass er das Recht hat, eine Frau zu haben. Wäre Jesus verheiratet gewesen, würden wir erwarten, dass Paulus dies erwähnt und damit jegliche Widerrede erstickt. Doch das tat er natürlich nicht, da es keinen Hinweis darauf gab, dass Jesus verheiratet war. Paulus' Worte zeigen jedoch (entgegen der Meinung einiger Autoren), dass es der Kirche nicht peinlich war, zuzugeben, dass ihre Leiter verheiratet waren.

Schließlich weist Bock darauf hin, dass Jesus am Kreuz keine besondere Sorge um Maria Magdalene zeigte. Wäre sie seine Frau und mit seinem Kind schwanger gewesen, hätten wir erwartet, dass er sie erwähnt. Das Fazit? Es gab gute religiöse Gründe dafür, dass manche jüdischen Männer nicht heirateten. Und andere blieben aus praktischen Gesichtspunkten ledig. Auf der Grundlage zweideutiger und dürftiger Schlussfolgerungen kann man einfach nicht behaupten, dass Jesus verheiratet war.

Des Weiteren sollten wir anmerken, dass Maria Magdalene nie an einen Mann gebunden war. Normalerweise wurden Frauen entweder über einen Ehemann oder einen Bruder identifiziert. Maria Magdalene wird in der Bibel zwölf Mal erwähnt, und das immer allein, wohingegen andere Frauen über ihre Ehemänner identifiziert werden. Maria Magdalenes Name taucht immer allein auf.

---

60 Ebd., S. 37f.

Wäre Jesus mit Maria Magdalene verheiratet gewesen, hätten seine frühen Nachfolger eine derartige Information offensichtlich genutzt. In *The Denver Journal* bezieht sich Craig Blomberg auf die Betonung von Maria, der Mutter Jesu, in der römisch-katholischen Kirche und schreibt:

Ich möchte noch hinzufügen, dass aufgrund der sehr frühen Verehrung der Maria, der Mutter Jesu, im römischen Katholizismus, die größtenteils dem Wunsch nach einer gottähnlichen weiblichen Figur neben Gott dem Vater entsprang, die Tatsache, dass Jesus jemals mit einer Frau verheiratet war, kaum spurlos aus der Geschichte hätte verschwinden können. Sie wäre stattdessen gefeiert und verehrt worden, vor allem in genau jenen Teilen des Katholizismus, die Sakrileg *gegen die Enthüllung »der Wahrheit« über Jesu Ehe kämpfen lässt.*[61]

Die Legenden über Jesus und Maria lassen sich bis ins Frankreich des 9. Jahrhunderts zurückverfolgen. Laut einer Legende kamen Maria und Sarah (Jesu Tochter) in einem Boot ohne Ruder nach Südfrankreich. Einige dieser Mythen wurden in *Sakrileg* unter dem Vorwand aufgenommen, dass sie ja historisch glaubwürdig sein könnten. Doch wir können die Geschichte nicht auf Legenden aufbauen, und wir können auch nicht mit Schriftstücken, deren Inhalt nie veröffentlicht wurde und von denen niemand weiß, wo sie sich befinden, für eine Ehe argumentieren.

Alles Auslegungssache?

Als ich in einer bekannten Buchhandlung gerade ein Buch kaufte, hörte ich einen Buchhändler zu einem Kunden sagen: »Wir haben alle unsere eigene Meinung dazu, ob Jesus verhei-

---

61 Craig L. Blomberg, »Book Review of *The Da Vinci Code*: A Novel«, in: *The Denver Journal: An Online Review of Current Biblical and Theological Studies* 7, 2004, http://www.denverseminary.edu/article/the-da-vinci-code-a-novel

ratet war.« Der logische Schluss ist, dass die Geschichte wie eine Spachtelmasse ist und sich jeder gewünschten Form anpasst. Manche Menschen hätten gern, dass Jesus verheiratet war, und fabrizieren Szenarien, die dies angeblich beweisen. Andere weisen darauf hin, dass diese Schlussfolgerung von keinen Texten gestützt wird. Mit anderen Worten: Es scheint, als ob man diese Fragen nicht entscheiden kann, sondern sie reine Auslegungssache sind.

Das stimmt nicht.

Die Geschichtswissenschaft beschäftigt sich mit der Untersuchung von Dokumenten und Artefakten. Sie kann nicht dazu verkommen, dass man willkürlich entscheidet, Mythen den Status historischer Fakten zu geben. Starbird schreibt in ihrem Buch:»Wo Rauch ist, ist auch Feuer.« Damit unterstellt sie, dass es, wenn es diese Mythen über Jesus und Maria gibt, auch eine tatsächliche Grundlage für sie geben muss. Damit verleiht sie Mythen über Jesus, die 900 Jahre nach seinem Leben auf der Erde auftauchten, Glaubwürdigkeit und Ansehen.

Doch Mythologie ist genau das – die Untersuchung von Mythen, die entweder ausgedacht wurden, um verschiedene Phänomene zu erklären (so bei den griechischen und römischen Mythen), oder erfunden wurden, um einem Ereignis oder einer Region Glaubwürdigkeit zu verleihen. Es ist nicht schwer zu verstehen, warum die Kirche von Saintes Maries de la Mer in Südfrankreich im 9. Jahrhundert an dem Mythos festhielt, Maria Magdalene und ihre Tochter hätten an der Küste bei dieser Kirche angelegt. Es ist verständlich, dass in einer zu Aberglauben neigenden Zeit selbst das haarsträubendste Gerücht als Tatsache dargestellt wird. Dies liefert auch eine Erklärung für den Aberglauben über einen Besuch von Johannes dem Täufer in derselben Region.

Angesichts der dramatischen Geschichte von Maria an Jesu Grab und angesichts des Befehls Jesu, sie solle den Brüdern von seiner Auferstehung berichten, kann man leicht erkennen, warum Sagen um Marias Person entstanden. Es gibt auch Gerüchte, wonach sie nach England gegangen sei, und manche sagen, sie sei in Ägypten gestorben. Da es keine schriftlichen Belege gibt, können Sagen in jedem Zusammenhang und aus allerlei Gründen aufkommen. Doch es ist grundsätzlich immer gefährlich, eine Theorie aufzustellen, wenn sachliche Beweise fehlen.

Ein großer Teil der modernen Wissenschaft arbeitet auf der Grundlage, dass wir das Neue Testament so interpretieren sollten, als sei es Teil des Heidentums gewesen, von dem die Antike durchdrungen war. Daher rühren auch die Versuche, Parallelen zwischen Maria Magdalene und Jesus und den ägyptischen Göttern Isis und Osiris zu ziehen. Wir müssen das Neue Testament jedoch für sich allein untersuchen und dabei bedenken, dass es das Heidentum seiner Zeit ablehnt und kein wesentlicher Bestandteil davon ist. Wer das Neue Testament versteht, der versteht, warum man ihm nicht das Heidentum aufzwingen kann.

Wir brauchen das Neue Testament nicht neu zu schreiben, um eine angemessene Achtung für Frauen in der frühen Kirche zu entdecken. Wir müssen nicht behaupten, dass Jesus mit Maria Magdalene verheiratet war, damit Frauen ihre passende Rolle in der Geschichte der christlichen Gemeinde erhalten. Wie dieses Buch gezeigt hat, hat Jesus die Rolle der Frau gestärkt und Frauen in seinem Dienst auf Erden als gleichwertige Partner betrachtet. Er hat bestätigt, dass Frauen öffentlich auftreten und von seiner Gnade und Macht reden konnten. Er hat ihren Wert, ihre Würde und ihre Bedeutung vergrößert.

Jesus und die Ehe

Hätte Jesus verheiratet sein können?

Auch wenn es keine Hinweise darauf gibt, dass Jesus verheiratet war, können wir uns dennoch fragen, ob er mit einer Frau in einer solch intimen Beziehung hätte verbunden sein *können*. Wir können davon ausgehen, dass er als Mann den Wunsch nach solcher Intimität und Freundschaft hatte. Und da die Ehe »geehrt und unbefleckt« ist, sind wir vielleicht versucht, einen Schritt weiter zu gehen und zu sagen: »Ja, er hätte verheiratet sein können.«

Da er aber sowohl eine menschliche als auch eine göttliche Natur hatte, müssen wir eingestehen, dass es unvorstellbar ist, dass Jesus, als heiliges und göttliches Wesen, sich mit einem Sünder in der intimsten körperlichen menschlichen Verbindung eingelassen haben könnte. Wenn er geheiratet hätte, wäre es vermutlich jemand gewesen, der genauso heilig war wie er selbst – was seine Auswahl beträchtlich eingeschränkt hätte.

Natürlich *wird* Jesus eines Tages verheiratet sein. Wir alle warten voller Freude auf seine Hochzeit. Jetzt ist er mit uns, der Gemeinde – seiner Braut –, verlobt. Er hat nicht auf Erden geheiratet, da er weiß, dass seine zukünftige Hochzeit im Himmel stattfinden wird. Er ist nicht polygam. Er ist nicht mit jedem Einzelnen von uns verlobt, sondern mit uns allen gemeinsam. Wir alle sind Teil seiner einen Braut.

An jenem Tag werden wir zusammen mit Maria Magdalene zum Hochzeitsmahl des Lammes eingeladen sein. Dort wird die Ehe vollzogen – nicht in einer körperlichen, sexuellen Verbindung, sondern in der gesegnetsten, intimsten Verbindung der Gemeinschaft, die man sich nur vorstellen kann. Ja, Jesus wird verheiratet sein – nicht mit einer einzelnen Frau, sondern mit all jenen unter uns, die die Braut Christi bilden.

Lasst uns fröhlich sein und frohlocken und ihm die Ehre geben; denn die Hochzeit des Lammes ist gekommen, und seine Frau hat sich bereitet. Und es wurde ihr gegeben, dass sie sich kleide in feine Leinwand, glänzend und rein; denn die feine Leinwand sind die Gerechtigkeiten der Heiligen. Und er spricht zu mir: Schreibe: Glückselig, die geladen sind zum Hochzeitsmahl des Lammes! (Offenbarung 19,7-9)

Aus dieser größeren Perspektive betrachtet, war Jesu offensichtliche Ehelosigkeit sowohl notwendig als auch angemessen.

Die Einladung zu dieser Hochzeit geht nicht von dem gnostischen Jesus aus, sondern vielmehr von dem Jesus, der der König der Könige und Herr der Herren ist. »Darum hat Gott ihn auch hoch erhoben und ihm den Namen gegeben, der über jeden Namen ist, damit in dem Namen Jesu jedes Knie sich beuge, der Himmlischen und Irdischen und Unterirdischen, und jede Zunge bekenne, dass Jesus Christus Herr ist, zur Verherrlichung Gottes, des Vaters« (Philipper 2,9-11).

Nur diejenigen, die seine Einladung annehmen, werden sich versammeln, um das Fest zu genießen!

Ein Gebet

Vater, ich danke dir, dass Jesus mich würdig gemacht hat, seine Braut genannt zu werden. Ich bitte dich, dass ich mich auf sein Hochzeitsmahl mindestens genauso begeistert freuen kann wie auf eine Hochzeit hier auf der Erde. Hilf mir, Jesus treu zu sein und mich nicht mit anderen Liebhabern abzugeben, die mit ihm konkurrieren möchten. Um Jesu willen, Amen.

Doris Van Stone / Erwin W. Lutzer

Dorie

Ein verwandeltes Leben

160 Seiten, Taschenbuch

ISBN 978-3-86699-138-5

Schon als kleines Kind merkt Dorie, dass manche Menschen unerwünscht sind. Von ihrer Mutter wird sie in ein trostloses Waisenhaus gesteckt, wo ihre Sehnsucht nach Geborgenheit fast unerträglich wächst. Als einige Studenten das Waisenhaus besuchen, hört sie von Jesus Christus; und diese Botschaft lässt sie nicht mehr los …

Das ist der authentische und erschütternde Bericht einer einsamen Frau, die in Gott nicht nur einen liebenden Vater findet, sondern auch die Kraft, die ungerechte Behandlung hartherziger Pflege-Eltern zu ertragen und bald ihren eigenen Weg zu gehen.

Doris Van Stone / Erwin W. Lutzer

Wer wird mein Schreien hören?

**Verletzung und Heilung
bei sexuellem Missbrauch**

128 Seiten, Paperback
ISBN 978-3-86699-228-3

Da war kein Platz zum Weinen, kein Ort der Hoffnung, als ihre Seele schrie, ihr Herz schmerzte und ihr Körper gequält war von sexuellem Missbrauch.

Dorie wusste, was es heißt, emotional vernachlässigt, physisch verletzt und von den eigenen Eltern wie ein unerwünschter Hund gemieden zu sein. Sie erlebte das Grauen, von einem Heim zum anderen geschoben und immer wieder brutal misshandelt zu werden.

Schließlich hinterließen Missbrauch und Misshandlung ihre grausamen Spuren: Dorie fühlte sich hässlich, abgelehnt und schmutzig.

Doch dann gab es Hoffnung: Als sie dreizehn war, erzählte eine Studentin ihr von dem Gott, der die Ungeliebten liebt. Sie übergab diesem Gott die Last der Vergangenheit und lernte, ihm zu vertrauen. Schließlich wurde ihr Herz bereit, ihren Peinigern zu vergeben, und damit bekam sie auch die Kraft, sich der schmerzlichen Vergangenheit schonungslos zu stellen.

Dies ist die Geschichte ihrer Kämpfe und ihres Sieges. Sie gab Gott ihr Leben mit all den Narben, Wunden und schmerzlichen Erinnerungen – und Er machte etwas Wunderschönes daraus.

Erwin W. Lutzer

Das widerspenstige Ich

192 Seiten, Paperback
ISBN 978-3-86699-229-0

»Warum sind Versuchungen so mächtig und so attraktiv?«
»Weshalb falle ich immer in alte Verhaltensweisen zurück?«
»Kann man hartnäckige Sünden überwinden?«
»Wie kann ich Sieg und Befreiung erleben?«
Jeder kennt den frustrierenden Kreislauf: Wir entscheiden uns,
schlechte Angewohnheiten ein für alle Mal zu überwinden,
und sind sogar für eine Zeit erfolgreich. Doch dann kommt der
Rückfall – und der deprimierende Kreislauf beginnt von vorn.
Schließlich fühlen wir uns so enttäuscht und kraftlos, dass wir
aufgeben ... Erwin W. Lutzer glaubt, dass es möglich ist, diesen
suchtähnlichen Kreislauf sündigen Verhaltens zu durchbrechen.
Anhand biblischer Einsichten beleuchtet er die Problematik.
Dabei beschäftigt er sich mit solch schwierigen Fragen wie:
»Warum gibt es überhaupt Versuchungen?«, »Welchen Zweck
erfüllen sie in unserem Leben?«, »Und was passiert, wenn wir
wieder einen Rückfall erleben?«
Jedes Kapitel schließt mit Ratschlägen und Fragen zur Ver-
tiefung und zum Vergegenwärtigen des biblischen und inner-
persönlichen Befundes.

Nancy Leigh DeMoss
Lügen, die wir Frauen glauben

256 Seiten, gebunden
ISBN 978-3-86699-211-5

Uns Frauen geht es oft wie Eva. Wir alle erleben Niederlagen und Versagen, Sorgen und Aufregungen. Wir alle kennen Selbstsucht, Gereiztheit, Wut, Neid und Bitterkeit. Aber wie gern wollten wir noch einmal neu anfangen und in Frieden und Harmonie leben.

In ihrem Buch stellt Nancy Leigh DeMoss dar, in welchen Bereichen Christinnen dem Betrug am häufigsten glauben:

Lügen über die eigene Person, über die Sünde, über die Ehe, über Gefühle oder die Lebensumstände.

Nancy Leigh DeMoss zeigt, wie wir von Bindungen frei werden und Gottes Gnade, Vergebung und überfließendes Leben haben können. Denn es gibt eine wirksame Waffe, um die Lügen des Teufels abzuwehren und zu besiegen: Gottes Wahrheit!

John F. MacArthur
Zwölf außergewöhnliche Frauen

224 Seiten, Paperback
ISBN 978-3-86699-223-8

Ihr Mut, ihre Vision, ihre Gastfreundschaft, ihre geistlichen Gaben werden hoch geschätzt – es ist kein Wunder, dass Frauen in Gottes Plan, der uns im Alten und im Neuen Testament offenbart wird, eine so wichtige Rolle spielen. Es waren nicht ihre natürlichen Eigenschaften, die diese Frauen außergewöhnlich machte, sondern die Macht des einen wahren Gottes, den sie anbeteten und dem sie dienten.

In »Zwölf außergewöhnliche Frauen« lernen Sie mehr als nur faszinierende Informationen über diese Frauen. Sie werden – vielleicht zum ersten Mal – die fehlerlose Chronologie von Gottes Erlösungswerk in der Geschichte kennenlernen, wie sie in diesen Frauen zum Ausdruck kommt. Diese Frauen waren keine Ergänzung, sie standen regelrecht im Mittelpunkt seines Plans. Und dieses Buch enthält ihre erstaunlichen Geschichten.

Ihre Kämpfe und Versuchungen entsprechen denen, mit denen alle Gläubige zu allen Zeiten konfrontiert sind. Und der Gott, dem sie so hingegeben sind, ist derselbe Gott, der gewöhnliche Menschen heute immer noch formt und gebraucht.

Ney Bailey
Glaube ist kein Gefühl

160 Seiten, Taschenbuch
ISBN 978-3-89397-571-6

Unsere Gefühle und Gottes Wort stimmen nicht immer über-
ein. Ney Bailey versucht aufzudecken, warum das so ist und
wie sich der Konflikt lösen lässt. Sie bietet sehr praktische Hilfe
an, ganz gleich, an welchem Abschnitt des Weges mit Gott sich
jemand befindet.

Dies ist ein sehr persönliches, interessantes und flüssig geschrie-
benes Buch. Es verbindet Tragisches, Humorvolles und Drama-
tisches auf eine Weise, dass der Leser gefesselt bleibt.